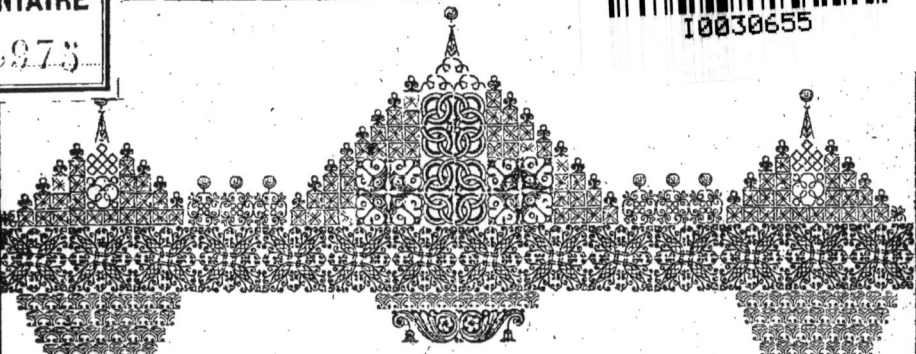

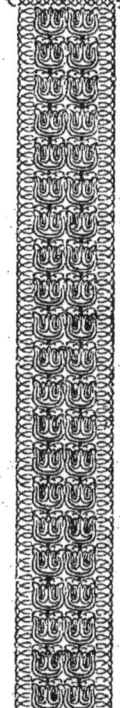

COMPENDIUM

DU DROIT ROMAIN

O U

APHORISMES ET DÉCISIONS

TIRÉS

DU DIGESTE ET DU CODE,

AVEC LEUR TRADUCTION,

Par M. VERNHES, Avocat.

SE VEND A TOULOUSE,

Chez M.me V.e CORNE, imprimeur-lib., rue Pargaminières, 84.

AU PRIX DE. . . . . 2 f. 50.

SE VEND A PARIS,

Chez M. JOUBERT, libraire, rue des Grés, 14, près
l'Ecole de Droit, AU PRIX DE. . . . . . 2 f. 75.

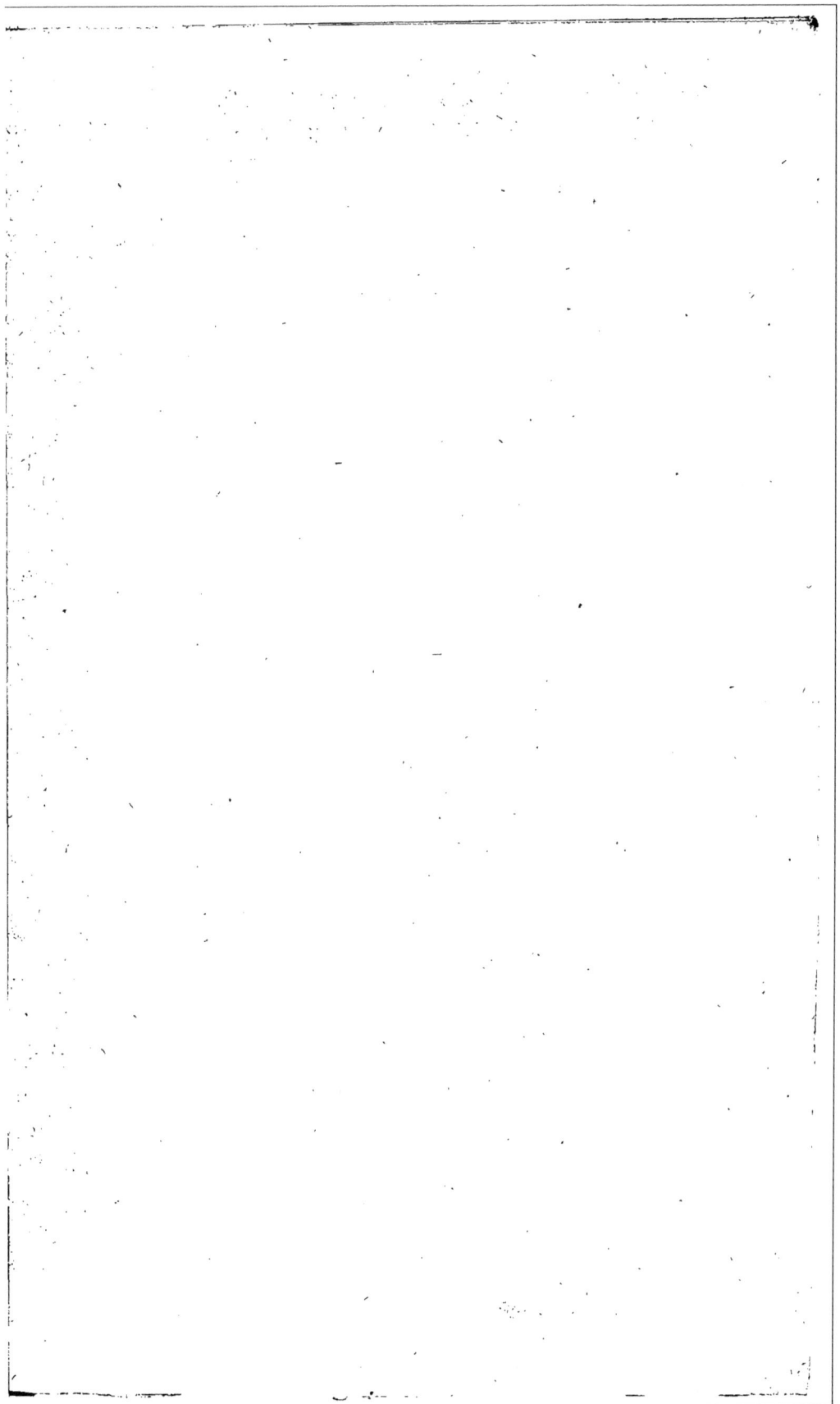

45975

COMPENDIUM

DU DROIT ROMAIN,

OU

APHORISMES ET DÉCISIONS

TIRÉS DU DIGESTE ET DU CODE, AVEC LEUR TRADUCTION.

COMPENDIUM

DU DROIT ROMAIN,

OU

APHORISMÉS ET DÉCISIONS

TIRÉS DU DIGESTE ET DU CODE,

AVEC LEUR TRADUCTION,

PAR

M. Dernlies, avocat.

TOULOUSE,

IMPRIMERIE DE VEUVE CORNE,

RUE PARGAMINIÈRES, 84.

1840.

Audivi vocem docentium
me, et magistris inclinavi
aurem meam.(p. 5,12 , 15.)

𝔇𝔢́𝔡𝔦𝔢́

A MONSIEUR BENECH,

PROFESSEUR DU DROIT ROMAIN

A LA FACULTÉ DE DROIT DE TOULOUSE.

Monsieur,

Si je suis indiscret en me permettant de vous adresser le fruit de mes labeurs d'autrefois, croyez que c'est sans vanité que je viens vous soumettre ces œuvres de mon inexpérience. L'étude du droit romain, qu'on devrait encourager dans ces temps où l'universalité poursuivie par une jeunesse avide d'instruction semble nous ramener vers ce critère de toutes nos législations modernes, m'a fait jeter les yeux sur vous, monsieur, comme l'honorable confident de toutes les veilles qui illustrent la science. Puisse mon Compendium être trouvé digne de la dédicace dont je voudrais pouvoir vous faire l'offrande, comme au professeur distingué.

J'ai l'honneur d'être, Monsieur, avec des sentimens distingués,

> *Votre très-humble et tout dévoué*
> *serviteur ,*
>
> VERNHES, Avocat.

Rabastens, 25 Mars 1839.

Toulouse, le 7 Avril 1839.

Monsieur,

J'ai lu avec un vif intérêt les deux brochures que vous m'avez transmises ; elles annoncent de votre part une instruction aussi solide que variée.

Il en est de même de votre manuscrit renfermant un *Compendium* du Droit Romain. Je considère votre recueil comme fort utile pour tous ceux qui comprennent le besoin de graver dans leur esprit ces sentences d'un droit dans lesquelles se résument quelquefois tout l'esprit d'une matière.

Toutefois j'ai remarqué dans la traduction des axiomes du Droit Romain plus d'une défectuosité, que je me permettrai de vous signaler : il m'a paru que le sens de certaines locutions reçues n'avait pas toujours été exactement rendu ; sans doute il est difficile de plier notre langue à certaines expressions sacramentelles du Droit Romain. Cependant je crois qu'on peut y parvenir à l'aide de circonlocutions, lorsque la traduction littérale offre un sens trop éloigné.

Vous ne trouverez pas mauvais, je l'espère, que j'use vis-à-vis de vous de cette franchise : les bons esprits n'en méconnaissent jamais le but.

Je suis très flatté, Monsieur, de la confiance que je vous ai inspirée : je vous prie de recevoir mes remercîmens de vos excellentes dispositions à mon égard, et l'assurance des sentimens les plus distingués

De votre très-dévoué serviteur,

BENECH,
Professeur du Droit Romain.

Monsieur,

En m'adressant au professeur distingué, je ne doutais pas que l'accueil ne fut tel que je devais l'attendre d'un véritable ami de la science, d'un juste appréciateur des efforts d'une jeunesse inexpérimentée. C'est aussi avec confiance que je vous ai mis dans le secret de mes veilles, et que je n'ai pas craint de m'en rapporter à vos avis paternels..... Votre bienveillance, Monsieur, m'a donné du courage, et dans l'intérêt de l'étude d'un Droit, vrai critère de la législation de tous les peuples, je me suis décidé à publier mon *Compendium.* Mais, jeune auteur, peu connu dans une carrière où vos succès m'ont déjà devancé, j'ai besoin d'un patronnage, quoique mon ouvrage se recommande par lui-même, ainsi que vous me l'avez assuré. Cette offrande, Monsieur, peu digne de la célébrité dont vous êtes en possession, a quelque chose qui ne saurait déplaire au professeur qui aime à trouver dans l'élève l'amour du travail, ce goût pour l'étude, puissant mobile de la plus noble et la plus louable ambition. Mille pardons, Monsieur, si c'est aussi à ces titres que je viens vous présenter la dédicace de mes aphorismes. Fier de vos sollicitudes, je tiens à honneur d'avoir votre acceptation.

Dans cette attente, je vous prie de me croire, Monsieur, avec les mêmes sentimens,

Votre bien dévoué et très-humble
serviteur,

VERNHES, Avocat.

Rabastens, ce 1er Novembre 1839.

Toulouse, le 15 Novembre 1839.

Mon cher Monsieur,

J'accepte avec reconnaissance la dédicace que vous avez bien voulu m'offrir ; je vous en remercie comme de choses flatteuses que j'ai cependant la conviction de ne pas mériter.

Permettez-moi à mon tour de vous offrir la nouvelle assurance de tous mes sentimens.

BENECH, professeur.

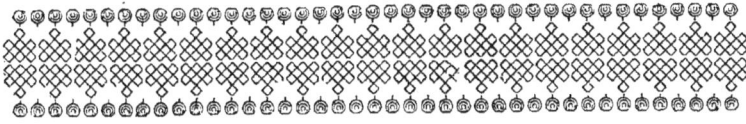

INTRODUCTION.

Turpe esse patricio, et nobili, et causas oranti, jus in quo versaratur ignorare.

(*Leg.* 2, § 43, *ff. de origine jur.*)

Je ne prétends pas convertir l'Université à mes idées ; mais, auteur d'un *Compendium du Droit Romain*, je voudrais qu'il me fût permis de le faire précéder de quelques-unes de mes réflexions. On ouvre trop tôt (1) à la jeunesse *le cours spécial du Droit Romain;* cette étude, qu'on devrait exclusivement réserver pour la troisième année, me paraît produire peu de fruits en première, ou du moins des effets contraires à ce que l'on devrait se proposer en matière d'enseignement. Je veux que la

(1) Depuis la mise sous presse du présent ouvrage, une ordonnance royale du 25 Juin 1840, a créé à la faculté de droit de Paris une chaire d'introduction générale à l'étude du Droit Romain pour les élèves de première année.

philosophie du Collége ait déjà familiarisé l'élève avec
cette langue (1) que l'on parle dans le Cours du Droit
Romain, mais une nomenclature de mots ne devrait pas
être la seule chose à inculquer dans l'esprit d'une jeunesse
studieuse; je voudrais que des connaissances utiles pus-
sent également s'y graver. Aussi, pour vous faire part des
impressions que je retirais du Droit Romain dans les
premiers temps de mon école, qu'il me soit permis de
me demander pourquoi ces *agnats* et ces *cognats? ces
esclaves* dont il est si inconvenant et si ridicule à la
fois d'entendre parler au milieu d'un *peuple libre?* cette
large puissance paternelle que j'ai toujours respectée en
morale? ce *suus hœres ac nascatur*, qui, pour avoir
occupé plusieurs séances, n'en devenait pas pour cela
plus clair? et toutes ces *subtilités* qui torturaient l'esprit
en progression du vide qu'elles renfermaient? Je crois,
tout en rendant hommage aux lumières de l'excellent
professeur (2) chargé de notre instruction, qu'on aurait
pu occuper la jeunesse à des choses plus profitables et
moins susceptibles à la faire donner dans l'erreur. En
effet, au lieu de la traîner sur toutes ces inutilités qui
peuvent servir à l'historique du Droit, mais jamais à cette
science instructive et solide qu'il importe seule d'enseigner à l'élève studieux, il eût mieux valu, car, comme en
toutes choses, on doit toujours commencer par l'histoire
de son pays, lui enseigner *le Droit Français* (3), mis en

_____

(1) Une autre ordonnance du 25 Juin 1840, a prescrit qu'à l'avenir, dans
toutes les facultés de droit, les examens auraient lieu en français.

(2) Ruffat, professeur du Droit Romain à la Faculté de droit de Toulouse.

(3) Louis XIV fit rouvrir à Paris l'école de droit, fermée depuis 100 ans; il
établit dans toutes les universités de France un *professeur de Droit Français.*
Il semble qu'il ne devrait pas y en avoir d'autres, et que *les bonnes lois romaines
incorporées à celles du pays* devraient former un seul *corps des lois de la
nation.* (Volt., Hist. Gén., vol. 17, page 207.)

rapport avec *le Droit Romain*, afin de former en même temps l'esprit et le jugement. La chose paraissait facile; il n'est pas ou presque pas dans notre Code civil d'article qui n'ait son principe dans les lois de l'empereur Justinien : on eût pu donc, aussi succinctement que possible, en donner le texte, et par ce moyen *le Droit Romain et le Droit Français,* mis en parfaite harmonie, seraient devenus pour l'élève un puissant aiguillon, qui, plus tard, l'aurait porté à se livrer à l'étude d'une science dont il aurait contracté le goût avec les premiers élémens. Par ce moyen encore, obviant à l'appréhension que l'élève pût prendre l'échange, on aurait pu, en troisième année, avec la récapitulation des matières qu'il aurait vues dans le courant des deux premières, lui donner l'historique du Droit Romain, ou du moins le lui expliquer avec plus d'étendue; car, on ne doit pas se le dissimuler, la jeunesse, à une santé de jugement inconcevable joint un grand amour pour l'étude; mais elle a plus de penchant pour le solide, et renvoie à ses momens perdus les inutilités.

Lisez et relisez Domat, a dit un savant jurisconsulte. Pourquoi cet auteur? Parce que les principes élémentaires, exprimés en style simple et précis, se trouvent dans son ouvrage en contact permanent avec le Droit Romain, riches tous les deux de leurs rapports réciproques. En effet, je crois l'étude de cet auteur éminemment profitable, et après l'avoir moi-même lu et relu, avoir extrait de son livre des passages que j'aurai toujours présens à mon souvenir, je me suis convaincu qu'il fallait lire et relire *Domat*. Pourquoi un autre auteur (1) non moins recommandable a-t-il dit *qu'on ne saurait*

---

(1) M. Portalis, conseiller d'état, dans son discours prononcé à la section de législation, le 1er Frimaire an 12.

jamais le nouveau Code civil si on n'étudiait que ce Code?
C'est qu'il sentait l'importance de l'étude des juristes qui
avaient écrit sous notre ancienne législation, et du Droit
Romain, où toutes les doctrines et notre Code lui-même
ont été puisés. Laissez donc l'inutile pour un âge plus
mûr, et, comme ce législateur d'Athènes (1), donnez à
l'élève ce que sa jeunesse et sa capacité à peine nubile
lui permettent de recevoir : surtout, faites-lui naître ce
goût de l'étude qu'il ne peut manquer de contracter dans
un Cours ainsi ordonné.

C'est dans ces vues qu'ayant, depuis ma sortie de
l'école, donné un temps considérable à l'étude du Droit
Romain, je crus, pour mon instruction seulement,
devoir extraire du Digeste et du Code toutes les décisions
et principes qui m'ont paru se trouver le plus en
rapport avec notre système législatif. Je ne dois pas
laisser ignorer que cette étude m'a beaucoup servi, et
me sert encore dans toutes les causes que je suis appelé
à défendre, tant le Droit Romain a d'attraits aux yeux
des tribunaux. Je me rappellerai toujours même d'avoir
lu dans un ouvrage, sans pouvoir dire lequel, qu'un
défenseur, sur le point de perdre sa cause, fit tourner
sa défense à la confusion de son adversaire et au plein
succès du système de son client, en citant un passage
soi-disant pris de ce même Droit, qu'au sortir de l'audience
personne ne put y découvrir.

L'étude du Droit Romain est donc une étude indispensable pour tout homme qui marche dans la carrière
des lois. Aussi, pour donner à cette étude ce charme
qu'on ne rencontre guère lorsqu'il faut dévorer de

_____

(1) Solon, donnant des lois au peuple athénien, répondit que c'étaient les
meilleures de toutes celles qu'il était *capable* de recevoir. (Plut., vol. 2, page 28.)

gros volumes, ai-je cru pouvoir réunir en *Compendium*
le fruit d'un travail que je ne destinais que pour moi
seul.

D'un autre côté, dans ces temps de progrès où chacun
doit le tribut de ses idées à cet empire universel fondé
par le génie, faisant abstraction de mes sollicitudes pour
n'écouter que le bien public, j'ai voulu en les publiant
mettre mes Aphorismes à la portée de toutes les intel-
ligences. Pour cela, je les ai fait suivre d'une traduction
en langue française, dans laquelle je me suis aidé de
quelques savans traducteurs, que je n'ai pas toujours
suivis dans leur diction un peu vieillie et quelquefois
sans rapport avec le texte. J'ai classé par ordre et
indiqué par lettre alphabétique les différentes lois et
matières, objets de mon ouvrage, et par renvois au bas
de chaque page, le livre, le titre, la loi et le paragraphe
du Digeste et du Code où je les ai sortis. Néanmoins,
malgré tous les soins que j'ai pris pour ordonner avec
méthode les différentes décisions renfermées dans mon
livre, je suis loin de prétendre au mérite de la perfection ; mais, tout imparfait qu'il est, je serais trop
heureux si j'avais contribué à donner l'idée de recueillir
toutes les lois et les principes qui peuvent, dans le
Droit Romain, se trouver en rapport avec notre législation, et si, dans le cours d'enseignement, on peut
un jour parvenir à les faire figurer dans un accord et
ensemble parfait.

L'œuvre que je destine au public ayant reçu d'utiles
corrections et de nombreuses modifications, depuis l'honneur que je me suis fait de soumettre au professeur
habile, à l'ami de l'homme studieux, ce recueil de tant
de bons principes et de si sages lois, comme mon Compendium doit aux observations bienveillantes du patron

généreux qui illustre la science , plus d'un nouveau
mérite, j'ai cru ne pas devoir laisser ignorer, à la fin de
ma Préface , ces circonstances à mes lecteurs ; dans
l'intérêt d'un ouvrage qui, à l'exactitude du texte doit
ajouter, autant qu'il est dans notre idiome , la fidélité
dans la traduction.

COMPENDIUM

DU DROIT ROMAIN,

OU

APHORISMES ET DÉCISIONS,

TIRÉS DU DIGESTE ET DU CODE, AVEC LEUR TRADUCTION.

>=======®=======<

Le chiffre arabe entre deux parenthèses, marque les renvois au bas de la page; les trois lettres *LIB.*, le livre; les lettres *TIT.*, le titre; la lettre *L.*, la loi, et les guillemets renversés §, le paragraphe du Digeste et du Code, où les différents décisions et aphorismes ont été puisés.

A

Abesse.

1. Non amittimus possessionem, ob hoc, quòd furto pridèm subtracta est abest et ea res, quæ in rebus humanis non est. (1)

1. De cela qu'une chose nous a été dérobée depuis long-temps, nous n'en perdons pas la possession; nous ne cessons de la posséder utilement que lorsqu'elle n'existe plus.

De Abolitione criminum.

2. Qui destiterit agere, ampliùs et accusare prohibetur. (2)

2. Celui qui a abandonné une accusation, ne peut plus la reprendre dans la suite.

De Defentione absentium.

3. Publice utile est, absentes à quibuscumque defendi : nam et in capitalibus judiciis defensio datur. (3)

3. Il est de l'intérêt public que les absens soient défendus par toute personne; cette faculté est toujours accordée dans toutes les accusations qui ont pour objet la peine capitale.

De Absente Decepto.

4. Et enim deceptis sine culpâ suâ, maximè si fraus ab adversario intervenerit succurri oportebit : cùm etiam de dolo malo actio cumpetere soleat (4).

4. Il faut toujours, en effet, venir au secours de ceux qu'on a trompés sans qu'il y ait faute de leur part, surtout si leurs adversaires ont employé la fraude, puisque dans ce cas on est toujours reçu à poursuivre leur mauvaise foi.

---

(1) ff. lib. 50, tit. 16., l. 11, § 3.
(2) ff. lib. 48, tit. 16, l. 2.
(3) ff. lib. 3, tit. 3, l. 33, § 2.
(4) ff. lib. 4, tit. 1, l. 7, § 1.

De Absolutione et condemnatione.

5. Nemo, qui condemnare potest, absolvere non potest. (1)

De Accessione jure ventris.

6. Fœtus ventrem sequitur. (2)

De Accessione jure soli.

7. Omnes fructus jure soli, non jure seminis percipiuntur. (3)

De Accessione quoad rudem materiam.

8. Quæ ad rudem materiam redigi possunt, nunquàm materiæ vires effugiunt. (4)

De Accessione quâ ædificium solo cedit.

9. Ædificium solo cedit. (5)

De Accessione scripturæ et chartæ.

10. Littera chartis cedat, quia sine chartâ esse non potest.

De Accessione in legatis.

11. Jus accrescendi locum non habet inter conjunctos verbis tantùm, quia jus illud tacitâ tantum et præsumptâ voluntate testatoris nititur. (6)

De Accessione ex re nostrâ.

12. Quod ex re nostra nascitur, nostrum est.

De Actionum naturâ.

13. Quod in actione est eam modificet, et in universum actiones adsumunt naturam et qualitates rerum pro quibus competunt.

Plures actiones ejusdem.

14. Quandò enim plures ejusdem in nomine actiones competunt, unâ electâ altera perimitur.

De Actionibus ex delicto.

15. Injuriarum et actionum ex delicto venientium obligationes cùm capite ambulant. (7)

5. Celui qui a le droit de condamner, a aussi celui d'absoudre.

6. Le croît des animaux est notre propriété, par suite du droit que nous avons sur les femelles.

7. Les fruits qui naissent dans nos champs sont à nous, à cause du sol, quoiqu'un autre ait fourni la semence.

8. Les choses qu'on peut rendre à leur forme première, sont considérées comme n'ayant jamais perdu leur substance.

9. L'édifice est l'accessoire du sol.

10. L'écriture est l'accessoire du papier, parce que l'écriture ne peut exister sans le papier.

11. Le droit d'accroissement n'a pas lieu en matière de legs, lorsque les légataires ne sont joints que par les paroles, parce que ce droit ne repose que sur la volonté tacite et présumée du testateur.

12. Ce qui naît d'une chose qui nous appartient, est à nous.

13. Les actions changent et se modifient à l'infini, suivant la nature et la qualité des droits pour lesquels elles s'exercent.

14. L'orsqu'on a plusieurs actions pour obtenir une même chose, quand on s'est servi de l'une, on ne peut plus poursuivre au moyen de l'autre.

15. Les obligations qui naissent des injures, et les actions qui viennent des délits, suivent le coupable dans tous ses états.

(1) ff. lib. 50, tit. 17, l. 37.
(2) L. ult. ff. de rei vindi.
(3) L. 44., l. 5. § 2, ff. de rei vindi.
(4) L. 78, § 4, ff. de leg.
(5) L. 7, § 1, ff. de acqui, rer. dam.
(6) L, 48, § quibus, ff. del eg.
(7) ff. lib. 4, tit. 5, l. 7, § 1.

Ut actio detur.

16. Ut actio detur, distincta esse debat actoris et rei persona.

16. Pour qu'il y ait lieu à accorder une action, il faut qu'il puisse y avoir un demandeur et un défendeur.

De Actione rerum amotarum adversus uxorem.

17. Actio scilicet in factum, vel actio rerum amotarum; actio verò furti adversus uxorem negatur. (1)

Le mari a, contre sa femme, une action en dommages pour les objets qu'elle a détournés, et n'a pas contr'elle l'action du dol.

De Actione per extraneam personam.

18. Per extraneam personam actio nobis non acquiritur.

18. Une personne étrangère ne peut nous acquérir une action.

De Actionibus.

19. Omnes actiones quæ tempore pereunt, semel incluso judicio, salvæ permanent. (2)

19. Toutes les actions, qui s'éteignent par la prescription, sont conservées par l'instance engagée.

De Actione rerum amotarum.

20. Rerum amotarum actio condictio est. (3)

20. L'action des choses détournées est une action personnelle.

Actionis definitio.

21. Nihil aliud est actio, quàm jus quod sibi debeatur, judicio persequendi. (4)

21. L'action n'est autre chose que le droit de poursuivre en justice ce qui nous est dû.

Actio infamis sepulcri violati.

22. Sepulcri violati actio infamiam irrogat (5).

22. L'action d'un sépulcre violé, emporte infamie.

De Actionis verbo.

23. Actionis verbo non continetur exceptio. (6)

23. Dans le terme d'action n'est pas comprise l'exception.

De Actore.

24. (En parlant de l'appel qui remet tout en question). Nihil licere debet actori, quod non liceat reo. (7)

24. Tout ce qui est permis au demandeur doit l'être également au défendeur.

De Actore non probante.

25. Actore non probante reus absolvitur, et in suo loco manet possessio. (8)

25. Si le demandeur ne prouve pas sa demande, le défendeur est relaxé, et la possession de la chose revendiquée demeure toujours la même.

Actor quid docere debet.

26. Docereque actor in turbâ damnum esse datum debet, cœterùm si alibi datum sit, quàm in turbâ, cessabit hæc actio. (9)

26. Le demandeur doit prouver que le dommage a été fait dans un atroupement; au reste si le dommage a été commis autre part que dans un atroupement, cette action n'a pas lieu.

---

(1) L. 1 et 2 c. rei amot.
(2) L. 133, ff. de reg. jur.
(3) ff. lib. 25, tit. 2, l. 26.
(4) ff. lib. 44, tit. 7, l. 51.
(5) ff. lib. 47, tit. 12, l. 1

(6) ff. lib. 50, tit. 16, l. 8, § 1.
(7) L. 45, ff. de div. reg. jur.
(8) §. 11, ff. de interd.
(9) ff. lib. 47, tit. 8, l. 4, § 12.

4

A

De Additione, cum tempore mortis continuatur.

27. Omnis hæreditas, quamvis posteà adeatur tamen cum tempere mortis continuatur. (1)

Adimendo.

28. Qui non adimit quod adimere potest, relinquere censetur. (2)

De Adjudicato.

29. Quod autem istis judiciis alicui adjudicatum fuerit, id statim ejus fit, cui adjudicatum est.

De Adoptione.

30. Adoptio in his personis locum habet, in quibus etiam natura potest habere. (3)

De Adrogatione.

31. Nec ei permititur adrogare, qui tutelam vel curam alicujus administravit: si minor vigenti quinque annis sit, qui adrogatur; ne fortè eum ideò adroget, ne rationes reddat; etiam inquirendum est, ne fortè turpis causa adrogandi subsit (4)

De Advocatis audiendis et in officio continendis.

32. Nec adeò dissimulare, si quos causarum concinnatores, vel redemptores deprehendat: eosque solos pati postulare quibus per edictum ejus postulare permittitur. (5)

De Albo corrupto.

33. Si quis id, quod juridictionis perpetua causa, non quod, prout res incidit, in albo, vel in chartâ, vel in aliâ materiâ propositum erit, dolo malo corruperit; datur in eum quingentorum aureorum judicium, quod populare est. (6)

De Alluvione.

34. Fondus fondo accessit, sicut portio portioni.

27. Toute acceptation d'hérédité remonte à la mort du testateur, quoiqu'elle ait eu lieu long-temps après.

28. Celui qui n'enlève pas ce qu'il a le droit d'enlever, est présumé en faire un abandon.

29. Dans ces sortes de jugemens, ce qui est dû à quelqu'un, lui appartient à l'instant qu'il lui est adjugé.

30. L'adoption ne peut avoir lieu qu'entre personnes, qui peuvent être père et fils, suivant l'ordre de la nature.

31. Il est défendu au tuteur ou curateur, d'adopter ceux dont il administre les biens, tant qu'ils n'ont pas vingt-cinq ans révolus, crainte qu'il ne le adopte que pour ne pas être obligé à leur rendre compte; on doit examiner aussi, si la cause de l'adrogation n'est pas contre les bonnes mœurs.

32. On ne doit point supporter ceux qui cherchent à pallier les mauvaises affaires, ni souffrir ceux qui achètent des droits litigieux; on ne doit permettre de postuler, qu'à ceux qui tiennent cette permission d'un édit.

33. Si quelqu'un efface ou déchire ce que le magistrat a fait afficher en public, sur une planche, sur du papier, ou sur une autre matière, concernant l'administration générale de la justice, et non pas pour une affaire particulière, il doit être condamné à une amende de 50 pièces d'or; en pareil cas tout le monde est admis à porter son accusation.

34. Le fonds insensiblement s'attache au fonds, comme la partie à la partie.

(1) ff. lib. 5o, tit. 17, l. 118.
(2) L. 1, § 6, ff. de legt.
(3) ff. lib. 1, tit 7, l. 16.
(4) ff. lib. 1, tit. 7, l. 71.
(5) ff. lib. 1, tit. 16, l. 9, § 2.
(6) ff. lib. 2, tit. 1, l. 7.

De Alluvionis regulá.

35. Par debet esse ratio commodi et incommodi.

35. Il est juste que ceux qui tirent profit d'une chose, en supportent les incommodités.

Amittere.

36. Rem amisisse videtur, qui adversùs nullum ejus persequendæ actionem habet. (1)

36. Celui-là a comme perdu son bien, qui n'a d'action contre personne pour le revendiquer.

De Anno.

37. (En parlant du précaire), interdictum hoc et post annum competere *Labeo* scribit; eoque jure utitur : cum enim nonumquàm in longum tempus præcarium concedatur, absurdum est dicere interdictum locum non habere post annum. (2)

37. *Labéon écrit*, que cet interdit a lieu même après l'année, et nous l'observons ainsi dans l'usage, car comme on accorde souvent un précaire pour long-temps, il serait absurde de ne pas étendre cet interdit au-delà d'un an.

De Antiquitate.

38. In antiquis omnia præsumuntur solemniter acta.

38. Les actes qui sont fort anciens, sont présumés avoir été faits dans les formes requises.

Qui contra annonam facit societatem ve coiit.

39. Lege Julia de annona, pœna statuitur adversus eum, qui contra annonam fecerit, societatem ve coïerit, quo annona carior fiat. (3)

39. La loi *Julia* établit une peine contre celui qui, par des menées ou des associations, aura fait augmenter la cherté des vivres.

Si Naturaliter aqua noceat.

40. Si natura aqua noceret, ea actione non continentur. (4)

40. Si le cours naturel de l'eau devait causer des dommages, on n'aurait à cet égard aucune action.

Si hæres adversus arbitrii sententiam petat.

41. Non enim differendarum litium causa, sed tollendarum ad arbitrios, itur. (5)

41. Ce n'est pas pour éterniser une contestation qu'on a recours à des arbitres, mais pour la terminer.

De Arboribus cædendis.

42. Differentia duorum capitum interdicti hæc est : si quidem arbor œdibus impendeat ; succidi eam præcipitur : si verò agro impendeat, tantùm usque ad quindecim pedes à terrá coërceri. (6)

42. Il y a une différence entre les deux chefs de cet édit, c'est qu'un arbre qui passe au-dessus d'une maison voisine, doit être coupé en entier, et que l'arbre qui s'étend sur un terrain voisin, doit seulement être émondé jusqu'à la hauteur de quinze pieds de terre.

Armis dejectus quomodo accipitur.

43. Armis dejectus quomodo accipimus? Arma sunt omnia tela, hoc est, et fustes,

43. Que signifie cela, quand on dit qu'on a été dépossédé par la force des armes ? les

(1) ff. lib. 50, tit. 16, l. 14, § 1.
(2) ff. lib. 49, tit. 26, l. 8, § 7.
(3) ff. lib. 48, tit. 12, l. 2.

(4) ff. lib. 39, tit. 3 . l. 1, § 1.
(5) ff. lib. 4, tit. 8, l. 37.
(6) ff. lib. 43, tit. 27, l. 1, § 9.

et lapides : non solùm gladii, hastæ, fra-- mcæ, idest romphææ. (1)

armes sont tout espèces de traits ; on comprend sous cette dénomination, non-seulement les épées, les piques, les dards et les javelots, mais encore les bâtons et les pierres.

De vi Armata repellenda.

44. Eum igitur, qui cum armis venit possumus armis repellere, sed hoc confestìm non ex intervallo. (2)

44. On peut donc repousser par la force des armes, celui qui vient vous attaquer avec des armes, mais il faut le faire à l'instant, et non après un certain temps.

Arma.

45. Armorum appellatio non utique scuta, et gladia, et galeas significat ; sed et fustes et lapides. (3)

45. La dénomination d'armes ne s'entend pas seulement des boucliers, des sabres et des casques, mais encore des bâtons et des pierres.

De Arrhis.

46. Regulariter arrhæ sint perfactæ emptionis venditionis argumentum. (4)

46. Les arrhes sont ordinairement la preuve de la perfection de la vente.

De Auctore in rem suam.

47. Nemo enim auctor esse potest in rem suam. (5)

48. On ne peut pas être auteur dans sa propre cause.

B

De Bello.

1. Nullum bellum esse justum, nisi quod denunciatum ante sit et indictum.

De Beneficiis et sicariis, de homine occiso.

2. Sed si clavi percussit aut cucuma in rixâ, quamvis ferro percusserit, tamen non occidendi animo, leniendam pœnam ejus qui in rixâ casu magis, quàm voluntate homicidium admisit. (6)

1. Il n'y a de guerre juste que celle qu'on annonce et déclare.

2. Mais si c'est avec une massue ou un bâton ferré qu'il a frappé dans une rixe, quoiqu'il ait frappé avec du fer, si c'est sans intention de tuer, on doit adoucir la peine de celui qui, dans une rixe, a commis un homicide, plutôt par le fait que par sa volonté.

De Bobus.

3. Boves magis armentorum, quàm jumentorum generis appellantur (6).

3. Les bœufs sont plutôt compris sous la dénomination de troupeau que sous celle de bêtes de somme.

De Bonis vescendi causa deminuendis.

4. Quæ legatorum servendorum causa in bonis est, in causâ vescendi deminuet

4. Si c'est une fille, une petite-fille ou la femme du défunt non remariée, que le

(1) ff. l.b. 43, tit. 16, l. 3, § 2.
(2) ff lib. 43, tit. 16, l. 3, § 9.
(3) ff. lib. 50, tit. 16, l. 41.
(4) L. 14, c. de pari et comm.

(5) L. 5, l. 18 et ult. ff. h.
(6) ff. lib. 48, tit. 8, l. 1, § 2.
(7) ff. lib. 50, tit. 16, l. 89.

si filia, neptis, proneptis uxorve esset , nec nupta sit, nec suum quicquam habeat. (1)

Bona parentum.

5. Natura tacita lex , liberis bona parentum addicit. (2)

De Bono et æquo.

6. Injuriarum actio ex bono et æquo est , et dissimulatione aboletur; si quis enim injuriam dereliquerit, hoc est , statim passus ad animum suum non revocaverit , posteà ex pœnitentia remissam injuriam non poterit. (3)

Bona.

7. Bona intelliguntur cujusque, quæ deducto ære alieno supersunt. (4)

Bona propriè dicta.

8. Propriè bona dici non possunt, quæ plus incommodi , quàm commodi habent. (5)

prêteur, pour la sûreté de leur legs, ait envoyées en possession , elles pourront prendre , sur les biens de la succession , de quoi s'alimenter.

5. La nature est comme une loi souveraine, qui fait passer les biens des pères aux enfans.

6. L'équité et la justice règlent l'action d'injure, qui s'éteint si elle demeure impoursuivie, car si quelqu'un abandonne une injure, c'est-à-dire, si après l'avoir soufferte, il en perd le souvenir , dans la suite, cette injure ainsi remise, le repentir ne pourra plus la faire revivre.

7. On ne doit entendre pour le bien de quelqu'un, que ce qui lui reste après dettes déduites.

8. On ne peut proprement appeler biens, les choses qui nous sont plus nuisibles qu'avantageuses.

C

De Calumniatore et Prævaricatore.

1. Qui prævaricatur , ex utraque parte consistit, quinimmò ex adversa. (6)

De Capite minuto, seu de delictis.

2. Nemo delictis exuitur, quamvis capite minutus sit. (7)

De eo quod in carcere extortum est.

3. Qui in carcerem quem detrusit, ut aliquid ei extorqueret, quidquid ab hanc causam factum est , nullius momenti est. (8)

De Casu improviso.

4. Quod enim contingit casu improviso absque omni culpâ, nemini imputari potest.

1. Le prévaricateur soutient l'une et l'autre cause; il se met même du côté de l'adversaire de son premier client.

2. Personne n'est exempt de la peine portée contre les crimes, pas même ceux qui ont changé d'état.

3. Si on a mis quelqu'un en prison, pour le contraindre a faire quelque chose, ce qu'il aura fait en l'état sera de nul effet.

4. Ce qui arrive par l'effet d'un cas fortuit, et sans la faute de personne, ne peut vous être imputé.

(1) ff. lib. 36, tit. 4 , l. 14.
(2) L. 7, ff. de bon. dam.
(3) ff. lib. 47, tit. 10, l. 11 , § 1.
(4) ff. lib. 50, tit. 16, l. 39, § 1.

(5) ff. lib. 50, tit. 16, l. 88.
(6) ff. lib. 3, tit. 2, l. 4, § 4.
(7) ff. lib. 4, tit. 5, l. 2, § 3.
(8) ff. lib. 4, tit. 2, l. 22.

Causa cessante.

5. Cessante causâ, cessare quoque debet effectus.

5. Lorsque la cause cesse, l'effet doit aussi cesser.

De Causa conventionis.

6. Causa est implementum conventionis ex parte unius è contrahentibus, quòd fit datione vel facto.

6. La cause est l'exécution de la convention de la part de l'un des contractans ; elle consiste dans un fait, ou dans le transport de la propriété d'une chose.

De Duobus causis lucrativis.

6 (*bis*). Concursus ille duarum causarum lucrativarum est species liberationis. (1)

6 (*bis*.) Deux titres lucratifs ne peuvent pas concourir en faveur d'une même personne, et pour une même chose.

De Causâ cognitâ.

7. Sciendum est autem, non passìm minoribus subveniri, sed causâ cognitâ, si capti esse proponantur. (5)

7. Il faut observer que la restitution n'est pas accordée aux mineurs indistinctement, mais seulement avec connaissance de cause, et lorsqu'ils prouvent qu'ils ont été trompés.

De Cautione.

8. Plus cautionis est in re, quàm in personâ. (2)

7. Il y a plus de garantie dans un droit réel que dans un droit personnel.

De Sola cogitatione.

9. Sola cogitatio furtum faciendi, non facit furem. (3)

8. On n'est pas voleur de ce qu'on a eu l'intention de commettre un vol.

De Cogitatione.

10. Cogitationis pœnam nemo patitur. (4)

10. Personne n'est puni pour la seule pensée.

De Collegiis illicitis, de religione.

11. Religionis causa coïre non prohibentur : dùm tamen pro hoc non fiat contra senatus consultum quo illicita collegia arcentur. (6)

11. Pourvu cependant qu'on ne contrevienne pas au senatus consulte, qui défend et punit les corporations illicites, il n'est pas défendu de se réunir pour cause de religion.

De Collegarum appellatione.

12. Collegarum appellatione hi continentur, qui sunt ejusdem potestatis. (7)

12. On donne le nom de collègue à ceux qui ont une égale autorité.

Communi dividendo, seu de eo quod unus ex dominis facere vult, aut fecit in re communi.

13. *Sabinus*, in re communi neminem dominorum jure facere quicquam, invito

13. *Sabinus* pense qu'un copropriétaire ne peut rien faire sur la chose commune

---

(1) L. 17, ff., de obli. et act.
(2) L. 25, ff. de reg. jur.
(3) ff. lib. 47, tit. 2, l. 1.
(4) ff. lib. 48, tit. 19, l. 18.

(5) ff. lib. 4, tit. 4, l. 11, § 3.
(6) ff. lib. 47, tit. 22, l. 1, § 1.
(7) ff. lib. 50, tit. 16, l. 173.

altero posse : unde manifestum est, prohibendi jus esse. (1)

Definitio compensationis.

14. Compensatio est debiti et crediti in se contributio. (2)

De Compensatione.

15. Naturalis æquitas nititur ;quia nostra interest potiùs non solvere, quàm solutum posteà repetere. (3)

De Computatione temporis.

16. In usucapionibus non a momento ad momentum, sed totum postremum diem computamus. (4)

De Concubina.

17. Donationes in concubinam collatas, non posse revocari convenit, nec si matrimonium inter eosdem postea fuerit contractum, ad irritum recidere quod ante jure valuit. (5)

Quid veniat in Condemnatione.

18. (En parlant des poursuites dirigées contre celui qui a soustrait un testament), condemnatio autem hujus judicii, quanti interfuit, estimari debet. (6)

Quid veniat in condemnationem.

19. Quare si hæres scriptus hoc interdicto experiatur, ad hæreditatem referenda est estimatio. (7)

Cui datur hæc actio, de conditione furtiva.

20. In furtivâ re, soli domino conditio competit. (8)

De Conditione proprie dicta.

21. Itaque tunc potestatem conditionis obtinet, cùm in futurum confertur. (9)

De Conditione indebiti.

22. Si quis igitur compensare potens, solverit, condicere poterit, quasi indebito soluto. (10)

---

sans l'assentiment de l'autre, d'où suit qu'un associé a le droit de s'opposer à ce que veut faire son coassocié.

14. La compensation est la confusion qui s'oppère entre une dette et une créance.

15. (En matière de compensation), l'équité naturelle veut qu'on puisse s'abstenir de payer, pour n'être pas obligé, plus tard, à répéter ce qu'on aurait payé.

16. En matière d'*usucapion*, on ne compte pas de moment en moment, mais il faut que le dernier jour soit entièrement écoulé.

17. Il est de principe que les donations faites à des concubines sont valables, et qu'elles ne peuvent être annulées, lors même que ces dernières se seraient depuis mariées avec leur donateur.

18. La condamnation à laquelle cette instance donne lieu, doit être proportionnée aux intérêts de la partie à laquelle on refuse la représentation.

19. Ainsi, si c'est l'héritier institué qui demande cette représentation, la condamnation sera égale à la valeur de la succession.

20. En matière de chose volée, l'action en réstitution de la chose volée n'appartient qu'au propriétaire.

21. Ainsi, une clause n'a véritablement l'effet d'une condition, que lorsqu'elle se rapporte à un temps à venir.

22. (En parlant de la compensation qui s'opère de plein droit), si on a payé dans un cas où cette compensation ne pouvait avoir lieu, on peut se faire rembourser ce

---

(1) ff. lib. 10, tit. 3, l. 28.
(2) ff. lib. 16, tit. 2, l. 1.
(3) L. 3, ff. de Compensa.
(4) ff, lib. 41, tit. 3, l. 6.
(5) ff. lib. 39, tit. 5, l. 31.

(6) ff. lib. 43, tit. 5, l. 3, § 11.
(7) ff. lib. 43, tit. 5, l. 3 § 12.
(8) ff. lib. 13, tit. 1, l. 1.
(9) ff. lib. 12, tit. 1, l. 39.
(10) ff. lib. 16, tit. 2, l. 10, § 1.

De Conditione impossibili, vel alio mendo.

23. Sub impossibili conditione, vel alio mendo factam institutionem placet non vitiari. (1)

De Conditione contra jus, aut contra bonos mores, aut derisoria.

24. Conditiones contra edicta imperatorum, aut contra leges, aut quæ leges vicem obtinent, scriptæ, vel quæ contra bonos mores, vel derisoriæ sunt, aut hujusmodi, quæ pretores improbaverunt, pro non scriptis habentur, et perinde, ac si conditio hæreditati, sive legato adjecta non esset, capitur hæreditas legatumve. (2)

De Conditione impossibili.

25. Obtinuit, imposibiles conditiones testamento adscriptas pro nullis habendas. (3)

De eo qui curavit ne conditione existeret.

26. Quicunque sub conditione obligatus curavit ne conditio existeret, nihilhominùs obligatur. (4)

De Conditione quando retrotrahitur.

27. Conditio semel existens retrotrahitur ad initium. (5)

De Contrahentibus sub conditione impossibili.

28. Contrahentes, qui eam adjiciunt, contrahere velle non creduntur, sed potiùs jocari vel insanire, est enim indecium animi jocantis aut insanientis, non volentis. (6)

De Conditione impossibili in testamentis.

29. Atque adeò conditio impossibilis ultimis voluntatibus adjecta pro non scripta habetur, quasi testatori extiterit vitio linguæ, aut modo scripturæ, quia nemo de

qu'on a donné, comme l'ayant payé indûment.

23. L'institution faite sous une condition impossible, ou sous quelqu'autre condition vicieuse, n'est pas nulle.

24. Les conditions contraires aux édits des princes, aux lois, aux décisions qui ont force de loi, celles qui sont contre les bonnes mœurs, celles qui sont illusoires, ou prohibées par le prêteur, sont regardées comme non écrites, et l'héritier et le légataire ont le droit de prendre ce qui leur a été laissé par testament, comme si ces conditions n'y avaient pas été exprimées.

25. On est parvenu enfin à décider, qu'on devait réputer comme non écrites, les conditions impossibles ajoutées aux dispositions testamentaires.

26. Celui qui, obligé conditionnellement, à empêché la condition d'arriver, n'est pas moins obligé.

27. La condition, dès quelle est arrivée, a son effet rétroactif du jour où elle a été imposée.

28. Ceux qui, en contractant, font dépendre leurs engagemens de conditions impossibles, ont plutôt l'air de plaisanter que de traiter sérieusement, car ces conditions sont les marques d'un esprit qui se moque ou se joue.

29. La condition impossible ajoutée aux dispositions de dernière volonté, sont comme non écrites, parce qu'elles sont considérées comme l'effet d'un défaut

---

(1). ff. lib. 28, tit. 7, l. 1.
(2) ff. lib. 28, tit. 7, l. 14.
(3) ff. lib. 35, tit. 1, l. 3.

(4) ff. lib. 45, tit. 1, l. 85, § 7.
(5) L. 78, ff. de verb. obli.
(6) L. 31, ff. de oblig. et act.

morte cogitans ludere velle censendus est. (1)

De Effectu confessionis.

30. Confessus pro judicato est, qui quodammodò sua sententia damnatur. (2)

De Confessione.

31. Non utique existimatur confiteri de intentione adversarius, quo cùm agitur : quià exceptione utitur. (3)

De Confessione reorum.

32. Divus *Severus* rescripsit, confessiones reorum pro exploratis facinoribus haberi non oportere, si nulla probatio religionem cognoscentis instruat. (4)

De Confessione contra jus et naturam.

33. In totum autem confessiones ita ratæ sunt, si id quod in confessionem venit; et jus et naturam recipere potest. (5)

De Confessione delicti.

34. Non auditur perire volens.

Conjunctio.

35. Conjunctionem enim non *nunquam* pro disjunctione accipi, *Labeo* aït : ut in illa stipulatione, *mihi hærdique meo; te hæredemque tuum.* (6)

De Crimine celato.

36. Non est minima differentia inter eum qui crimen suum celat et eum qui publicet. (7)

De Consensu et dissensu et errore contrahentium.

37. In venditionibus et emptionibus consensum debere intercedere palam est.

---

de langue ou d'écriture, parce que, au moment de la mort, personne n'est censé vouloir s'amuser.

30. Celui qui fait des aveux en justice est comme jugé; c'est lui-même en quelque sorte qui prononce sa condamnation.

31. On n'est point censé convenir de la justice sur le fond de la demande, quoiqu'on se défende par des fins de non-recevoir.

32. L'empereur *Sévère* a répondu, que la confession des accusés ne devait pas être considérée comme une démonstration du délit, si d'autres preuves ne sont pas venues éclairer la religion du magistrat.

33. Les aveux faits en justice ne sont admis contre celui qui les a faits, que tout autant qu'ils ne sont pas en contradiction avec le droit et la nature.

34. On ne doit pas toujours ajouter foi à l'aveu de celui qui s'accuse.

35. *Labeon* dit, que quelquefois on peut prendre une particule conjonctive pour une disjonctive, comme dans cette stipulation, *pour moi et mon héritier, pour vous et votre héritier* (dans l'espèce, la conjonctive *et* est pour la disjonctive *ou.*)

36. Il n'y a pas de différence entre celui qui cache sa faute et celui qui la rend publique.

37. Il est clair qu'il faut pour l'achat comme pour la vente, le consentement

---

(1) L. 3, ff. de cond. et demonst.
(2) ff. lib. 42, tit. 2, l. 1.
(3) ff. lib. 44, tit. 1, l. 9.
(4) ff. lib. 48, tit. 18, l. 1, § 17.

(5) ff. lib. 11, tit. 1, l. 14, § 1.
(6) ff. lib. 50, tit 16, l. 29.
(7) L. 2, § 23 et 24, ff. h t.

cœterùm sive in ipsa emptione dissentient, sive in pretio, sive in quo alio, emptio imperfecta est. (1)

exprès des parties; la vente est nulle si les parties ne consentent point, ou sur la vente même, ou sur le prix, ou sur quelqu'autre chose.

Consensu coëuntium et parentum.

38. Nuptiæ consistere non possunt, nisi consentient omnes, id est, qui coëunt, quorumque in potestate sunt. (2)

38. Il n'y a point de mariage sans le consentement de toutes les parties intéressées, c'est-à-dire, des contractans, et de ceux sous la puissance desquels ils sont.

De Consensu tacito.

39. Ejus est non nolle, qui potest velle. (3)

39. Celui qui a le droit de vouloir a le droit de refuser.

De Consensu imperfecto.

40. Velle non creditur, qui obsequitur imperio patris vel domini. (4)

40. Celui qui ne fait qu'obéir aux ordres de son père et de son maître, n'est pas présumé consentir parfaitement.

De Consensu contrahentium.

41. Nullius contractus potest absque consensu contrahentium consistere. (5)

41. Il ne peut y avoir de contrat si ceux qui contractent ne donent leur consentement.

De Consilio.

42. Consilii non fraudulentis nulla obligatio.

42. Il ne peut résulter aucune action d'un conseil donné sans fraude.

De Consilio mandati.

43. Nemo ex consilio mandati obligatur etiam si non expediat ei cui mandabatur. (6)

43. Personne n'est tenu de l'action du mandat, pour raison du conseil qu'il a donné, quoiqu'il ait été préjudiciable à celui qui l'a suivi.

De Consummatione fructuum pro culturâ et curâ.

44. Eos lucri facit pro culturâ et curâ.

44. (En parlant des fruits qu'on consomme en faisant le travail), ils sont considérés comme le prix de son industrie et de ses soins.

In quibus causis consuetudo observatur.

45. Diuturna consuetudo pro jure et lege in his, quæ non ex scripto descendunt observari solet. (7)

45. A défaut des lois écrites, une coutume ancienne a force de loi.

(1) ff. lib. 18, tit. 1, l. 9.
(2) ff. lib. 23, tit. 2, l. 2.
(3) ff. lib. 50, tit. 17, l. 3.
(4) ff. lib. 50, tit. 17, l. 4.
(5) L. 1, p 3, ff. de pact.
(6) Inst. l. 3, tit. 27, § 6.
(7) ff. lib. 1, tit. 3, l. 33.

De lege per consuetudinem interpre-
tenda.

46. Si de interpretatione legis quæratur : imprimis inspiciendum est, quo jure civitas retrò in ejusmodi casibus usa fuisset : obtima enim est legum interpres consuetudo. (1)

46. Lorsqu'on veut interpréter une loi, il est bon d'abord 'd'examiner quel a été, dans les temps antérieurs, l'usage du peuple dans ces cas ; car la coutume est une excellente interprète des lois.

Quæ consuetudo in similibus non obtinet.

47. Quod non ratione introductum, sed errore primùm, deinde consuetudine obtentum est, in aliis similibus non obtinet. (2)

47. Ce qui a été introduit sans raison, et qui se trouve être le fruit de l'erreur, quoique ensuite confirmé par la coutume, ne doit pas être étendu aux cas semblables.

De eo quod consulto, vel casu admissum est.

48. Refert et in majoribus delictis, consulto aliquid admititur, an casu. Et sane in omnibus criminibus distinctio hæc pœnam aut justam eligere debet, aut temperamentum admittere. (3)

48. Dans les délits qui ont de la gravité, on doit faire la distinction s'ils ont été commis à dessein ou par accident. Dans tous les crimes même, cette distinction détermine à appliquer la peine prononcée par la loi, ou la modération de cette peine.

De Continentia causæ.

49. Ne continentia causæ dividatur. (4)

49. Lorsqu'il y a connexité on peut assigner les parties devant le tribunal du domicile de l'une d'elles.

De Constitutionibus principum.

50. Constitutiones principum nec ignorare quemquam nec dissimulare permittimus. (5)

50. Il n'est permis à personne d'ignorer ni de violer la loi.

De Contractibus ab initio et ex post facto.

51. Contractus sunt ab initio voluntatis, et ex post facto necessitatis; nec licet mutare voluntatem in alterius dispendium.

51. Les contrats sont d'abord le résultat de la volonté; lorsqu'ils sont consommés ils deviennent un lien nécessaire, dont il n'est pas permis de se départir au préjudice d'un autre.

De Contrahente.

52. Qui contrahit non debet cum sacco venire ad contractum. (6)

52. Celui qui contracte n'apporte pas toujours avec lui la chose ou l'argent qu'il pourra promettre.

De Contractu alieno.

53. Nequæ etiam obligatur is cujus

53. Celui dont le fait a été promis par un

(1) ff. lib. 1, tit. 3, l. 37.
(2) ff. lib. 1, tit. 3, l. 39.
(3) ff. lib. 48, tit. 19, l. 5, § 2.

(4) L. 10, c. de judiciis.
(5) L. 12, cod. de jur. et fact.
(6) L 105, ff. de sol.

factum ab alio promissum est; quia nemo ex alieno contractu potest obligari.

autre, n'est pas obligé, parce que personne n'est engagé par un contrat où il n'a pas été partie.

Qui contrahit sibi.

54. Qui contrahit, non sibi tantùm, sed etiam hæredibus suis prospicit. (1)

54. Celui qui contracte, ne contracte seulement pas pour lui, mais pour ses ayant cause.

De Contractu alieno.

55. Si quidem nemo tenetur ex alieno contractu.

55. On n'est pas tenu d'exécuter un contrat qui vous est étranger.

De Contractibus.

56. In contractum veniunt quæ sunt moris et consuetudinis.

56. Dans les contrats, on est présumé vouloir s'en remettre à ce qui est d'usage.

De Conventionibus.

57. Privatorum conventio juri publico non derogat. (2)

57. On ne peut, par des conventions particulières, déroger au droit public.

De Correctione.

58. Nihil tam naturale est quàm priorem scripturam posteriore corrigere. (3)

58. Il n'est rien de si naturel que de corriger un premier testament par un second.

De Creditorum appellatione.

59. Creditorum appellatione non hi tantùm accipiuntur, qui pecuniam credicerunt : sed omnes quibus ex qualibet causa debetur. (4)

59. Par la dénomination de créancier, on entend non-seulement ceux qui ont prêté une somme d'argent, mais tous ceux à qui il est dù pour quelque cause que ce soit.

De Creditoribus.

60. Temporum tamen prerogativa inter creditores servanda. (5)

60. Parmi les créanciers on doit observer l'ordre des temps.

De Creditore.

61. Creditore altero electo, alterum deseruice videbantur. (6)

61. Lorsqu'un créancier a fait le choix d'un de ses débiteurs ou caution, les autres sont déchargés.

De Crimine extincto.

62. Crimen morte rei extinguitur.

62. Le crime s'éteint par la mort du coupable.

De Custodia et exhibitione reorum, de elogiis.

63. Si quid malignè interrogasse,

63. Si celui qui a interrogé sur quel-

---

(1) L. 9, ff. de prob.
(2) ff. lib. 50, tit. 17, l 45, § 1.
(3) L. 17, ff. de ad im. vel. trans. leg.

(4) ff. lib. 50, tit. 16, l. 11.
(5) L. ult. § 9, ff. de jur. del.
(6) Inst. 9, § 2.

C 15

aut non dicta retulisse pro dictis eum com-
pererit, ut vindicet in exemplum, ne quid
et aliud posteà tale facere moliatur. (1)

De Custodia rei.

64. Nemo tenetur præstare casus for-
tuitos, nisi custodiam rei in se receperit,
vel ejus mora, aut culpa casum præcesserit. (2)

Cæteri, reliqui.

65. *Cæterorum et reliquorum* appellatione etiam *omnes* continentur : ut Marcellus dixit, circa eum cui optio servi legata
est, cæteri sempronio : nam tentat, si non
optet, omnes ad sempronium pertinere.(3)

que chose, l'a fait avec malignité, ou
s'il n'a pas fidèlement rapporté les ré-
ponses, on le punira pour l'exemple, afin
que, par la suite, il n'ose plus rien faire de
pareil.

64. On n'est point tenu de la perte arrivée
par cas fortuit, à moins que celui qui s'est
chargé de la chose ne s'y soit soumis, ou
que la perte ne soit arrivée à cause du
retard, et qu'il y ait de sa faute.

65. Par la dénomination des *autres et
du restant*, on doit entendre *le tout*,
comme l'a décidé Marcellus à l'égard de
celui à qui un testateur avait légué le
choix d'un esclave, et à Sempronius les
autres; car ce jurisconsulte soutient que si
celui à qui l'option est laissée néglige de la
faire, tous les esclaves de la succession
doivent appartenir à Sempronius (parce
qu'ils sont compris dans cette formule, *les
autres.*)

D

De Damno infecto definitio damni infecti.

1. Damnum infectum est, damnum
nondum factum, quod futurum veremur. (4)

1. Le dommage prochain est celui qui
n'a pas encore eu lieu, mais dont on ap-
préhende l'arrivée.

De Damno et culpâ.

2. Quod quis ex culpâ suâ damnum
sentit, non intelligitur damnum sentire. (5)

2. Celui qui souffre de dommage par sa
propre faute, n'a pas droit de s'en plaindre.

De Conservando, vel damno depellendo.

3. Juris nostris conservandi aut damni
depellendi causa opus novum nunciare
potest is, ad quem res pertinet. (6)

3. Les propriétaires font toujours une
sommation pour interrompre un nouvel
œuvre, afin de conserver leurs droits, ou
pour éloigner d'eux un tort qu'ils crai-
gnent.

De Dardanariis.

4. Annonam attentare et vexare vel

4. On appelle Dardanariens ceux qui

(1) ff. lib. 48, tit. 3, l. 6.
(2) L. 22, ff. de reg. jur.
(3) ff. lib. 50, tit. 16, l. 160.
(4) ff. lib. 39, tit. 2, l. 2.
(5) ff. lib. 50, tit, 17, l. 203.
(6) ff. lib. 39, tit. 1, l. 1, § 19.

maximè *Dardanarii* solent: quorum ava-
ritiæ obviam itum est, tam mandatis
quàm constitutionibus. Pœna autem in
hos variè statuitur : nam plerumque si
negotiantes sunt, negotiatione eis tantùm
interdicitur, interdum et relegari solent :
humiliores ad opus publicum dari.(1)

sont dans l'habitude de prendre leur temps
pour tourmenter le prix des vivres. Les
ordonnances, les édits des princes ont
voulu réprimer leur avarice, et les peines
qu'ils ont établies contre eux ont été différentes. Si c'est plus fréquemment des né-
gocians, on leur interdit seulement le
commerce : ils sont quelquefois même dé-
portés; si ce sont d'autres citoyens d'une
condition libre, ils sont condamnés aux
travaux publics.

De Debito in diem.

5. In diem debitor, adeò debitor est, ut
ante diem solutum repetere non possit.(2)

5. Le débiteur qui doit à terme, est tellement débiteur, que s'il paie avant le
terme, il n'a plus d'action pour répéter ce
qu'il a payé.

De Debitore.

6. Pro eodem apud eumdem, quis debere non potest. (3)

6. On ne peut pas être son propre débiteur.

De Debitore speciei.

7. Debitor speciei ejus interitu libera-
tur ; si quidem nulla est impossibilium
obligatio.

7. Le débiteur d'une chose spécifiée est
libéré par la perte de la chose, parce qu'à
l'impossible nul n'est tenu.

De Decessu supremo.

8. Quia tunc supremi decedunt omnes. (4)

8. Dans un commun accident tous sont
censés mourir à la fois.

De Defectione potestatis.

9. Nullus major defectus quàm defectus
potestatis.

9. Il n'est pas de plus grand vice que le
défaut de capacité.

De Defensore et Procuratore.

10. Defensor non compellitur jurare,
nec procurator . (5)

10. Un défenseur ni un fondé de pouvoir
ne peuvent être forcés à prêter serment.

Quid sit delegare, quibus modis de-
legatur.

11. Delegare, est vice sua alium reum
dare creditori, vel cui jusserit. (6)

11. Déléguer, c'est donner pour soi un
autre débiteur à son créancier, ou tout
autre qu'on commettra.

De Delicto.

12. Nemo ex suo delicto meliorem suam
conditionem facere potest. (7)

12. Personne ne peut, à l'aide d'un délit,
améliorer sa position.

---

(1) ff. lib 47. tit. 11, l. 6.
(2) ff. lib. 12, tit. 6, l. 10.
(3) L. 34, § 8, ff. de solut.
(4) L 34 et 42, ff. de vulg. pup. subs.

(5) ff. lib. 12, tit. 2, l. 34, § 3.
(6) ff. lib. 46, tit. 2, l. 11.
(7) ff. lib. 50, tit. 17, l. 134, § 1.

De Delictorum compensatione.

13. Paria enim delicta mutua pensatione dissolvuntur. (1)

13. En matiére de délits, le délit de l'un est compensé par celui de l'autre.

De Delictis impunitis.

14. Publice interest delicta non remanere impunita, scilicet impunitas delicti alios invitet ad delinquendum.

14. Il importe à la société que les délits ne demeurent pas impunis, parce que l'impunité du délit enhardit à en commettre d'autres.

De Delicto suo.

15. Sua enim cuique delicto pœna debetur.

15. Un chacun est obligé de supporter la peine de son crime.

In Delicta.

16. Nemo succedit in delicta. (2)

16. On n'hérite pas en matière de délit.

De Delictis non persequendis.

17. Nemo ex delicto suo actionem consequi potest.

17. On ne peut pas avoir d'action pour un délit qu'on aurait commis soi-même.

De pluribus delinquentibus.

18. Si plures eamdem arborem furtìm cœciderint, cum singulis in solidum agetur. (3)

18. Si plusieurs ont furtivement coupé le même arbre, on a l'action solidaire contre un chacun d'entr'eux.

De Demonstratione.

19. Quicquid demonstratæ rei additur satis demonstratæ, frustrà est. (4)

19. Tout ce qu'on ajoute pour désigner une chose qui l'est déjà suffisamment est superflu.

Derogare et Abrogare.

20. Derogatur legi, aut abrogatur; derogatur legi, cùm pars detrahitur; abrogatur legi, cùm prorsus tollitur (5)

20. On déroge à une loi, ou on l'abroge; déroger à une loi, c'est faire quelque chose qui y soit contraire; l'abroger, c'est la détruire entièrement.

De rei deterioratione.

21. Mihi videtur, si locupletior pupillus factus sit, dandam utilem commodati actionem secundum divi, pii rescriptum. (6)

21. Je pense cependant que si le pupille s'est enrichi à l'occasion de la chose prêtée, on doit, suivant le rescrit de l'empereur Antonin, accorder contre lui une action utile de prêt.

De die naturali.

22. More Romano dies à mediâ nocte

22. L'usage chez les Romains est que le

(1) ff. lib. 24, tit. 3, l. 39.
(2) L. 38, ff. de reg. jur.
(3) ff. lib. 47, tit. 7, l. 6.

(4) ff. lib. 33, tit. 4, l. 1, § 8.
(5) ff. lib. 50, tit. 16, l. 102.
(6) ff. lib. 14, tit. 6, l. 3.

3

18   D

incipit , et sequentis noctis media parte finitur : itaque quicquid in his viginti quatuor horis (idest duabus dimidiatis noctibus, et luce media) actum est , perinde est, quasi quavis hora lucis actum esset. (1)

De die non elapso.

23. Statim dies non venit, sed tunc tantum quandò dies elapsus est. (2)

De die certo.

24. Cùm tempus certum sit, nec mutari nec differri potest , quapropter tempus semel existens non retrotrahitur ad initium. (3)

De die ultimo, arbitrio solventis.

25. Totus hic dies arbitrio solventis tribuitur. (4)

De die incerto.

26. Dies incertus conditionem facit in testamento.

De die incerto. (bis)

27. Dies incertus retrotrahitur ad initium : quia dies incertus vim habet conditionis. (5)

De die ultimo in testamentis.

28. Factum tamen testamentum ultimo die anni decimi quarti valet, quia favore supremarum voluntatum dies incœptus habetur pro completo. (6)

De Diebus continuis et utilibus.

29. Dies continui sunt ii, qui sine interruptione nullisque exceptis currunt ; utiles verò illi duntaxat quibus experiundi sui juris potestas est. (7)

jour commence et finit à minuit. Ainsi tout ce qui se passe pendant ces vingt-quatre heures, c'est-à-dire, pendant les deux moitiés de nuit et le jour qui les sépare, est censé fait à toute heure du même jour.

23. Ce n'est pas le jour fixé pour le paiement de la chose que la demande doit être formée, mais le lendemain.

24. Lorsque le jour est certain, on ne peut ni le différer, ni le changer, et, dès-lors, l'institution à un jour certain n'a pas d'effet rétroactif.

25. Le dernier jour appartient tout entier au débiteur.

26. Le jour incertain est considéré dans les testamens comme l'équivalent d'une condition.

27. L'institution à un jour incertain , rétroagit jusqu'au commencement, parce que l'incertitude du jour équivaut à la condition.

28. Le testament fait le dernier jour de la quatorzième année était valable, parce que, par faveur pour les actes de dernière volonté, le jour commencé est considéré comme complet.

29. Le temps continu est celui dans lequel tous les momens sont comptés ; le temps utile, au contraire, est celui dans lequel sont seulement comptés les jours où l'on a pu agir.

(1) ff. lib. 2 , tit. 12 , l. 8.
(2) l. 186 , ff. de reg. jur.
(3) l. 34.
(4) l. 41 , ff. de verb. ob .

(5) L. 33 , ff. de vulg. et pup. subs.
(6) l. 5 , ff. c. h. t.
(7) L. 11 , p. 5 , ff. ad legem Juliam.

Disjunctivum subdisjonctivum.

30. Hæc verba, *ille aut ille*, non solùm disjunctivæ, sed etiam subdisjunctivæ orationis sunt. *Disjunctivum* est; veluti cùm dicimus, *aut dies aut nox est*, quorum posito altero necesse est tolli alterum; item sublato altero poni alterum. Ita simili figuratione verbum potest esse subdisjunctivum. *Subdisjunctivi* autem genera sunt duo: unum, cùm ex propositis finibus ita non potest uterque esse, ut possit neúter esse : veluti cùm dicimus, *aut sedet, aut ambulat*, nam, ut nemo potest utrumque simul facere, ita aliquis potest neutrum, veluti is qui accumbit : alterius generis est, cùm ex propositis finibus ita non potest neuter esse, ut possit utrumque esse; veluti cùm dicimus, *omne animal aut facit aut patitur ;* nullum est enim quod non faciat nec patiatur : at potest simul et *facere et pati.* (1)

30. Ces termes *tel ou tel* s'entendent non-seulement dans un sens disjonctif, mais encore dans un sens *subdisjonctif.* Dans un sens disjonctif, par exemple, lorsqu'on dit *il fait jour ou il fait nuit ;* car, après avoir supposé l'un, l'autre ne peut exister, et que l'une de ces deux choses n'étant pas, l'autre doit nécessairement être. Ainsi, de même que la conjonction *ou* peut être *disjonctive*, elle peut être aussi *subdisjonctive ;* mais on compte deux espèces de conjonctions *subdisjonctives :* l'une, lorsque de deux choses supposées, il n'y en a qu'une qui puisse être, les deux ne pouvant subsister en même temps; comme quand on dit : *ou il est assis, ou il se promène*, les deux choses ne pouvant se faire simultanément, comme il peut arriver aussi qu'on ne fasse ni l'une ni l'autre de ces deux; par exemple, *si l'on est couché ;* l'autre espèce de conjonction *subdisjonctive* a lieu lorsque de deux choses proposées, il peut se faire qu'aucune des deux ne soit vraie, comme arriver qu'elles le soient; par exemple, si l'on dit, *tout ce qui vit, agit ou souffre.*Comme il n'est rien qui n'agisse ou ne souffre, et qu'il peut y en avoir aussi *qui agisse et souffre tout à la fois.*

Qui dicit de uno.

31. Qui dicit de uno negat de altero.

31. Qui affirme l'un nie l'autre.

De Dispensatione impuberum.

32. De dispensatione impuberum, id est, quandò supplet ætatem concupiscentia, et coëundi capacitas.

32. Les impubères peuvent contracter mariage, lorsque la force de leur tempérament supplée à l'âge, et leur permet de le consommer.

De dissolvendi modo.

33. Nihil tàm naturale est, quàm unum quodque eodem genere dissolvi, quo colligatum est. (2)

33. Il n'est rien de plus naturel que de rompre un engagement de la même manière qu'il a été formé.

Communi dividundo.

34. Nemo invitus in communione debet retineri. (3)

34. On ne peut, malgré soi, être contraint à rester dans l'indivision.

(1) ff. lib. 50, tit. 16, l. 124.
(2) L 35, ff. de reg. jur.

(3) L. 1, 2 et 3, de comm. divid.

Quid sit dolus malus.

5. Dolum malum Servius quidem ita definit machinationem quamdam alterius decipiendi causa, cùm aliud simulatur, et aliud agitur. (1)

De eo qui dolum commiserit.

36. Cui conveniens est, ut et in ipso, qui dolum commiserit, in id quod locupletior esset, perpetuò danda sit, in factum actio. (2)

Dolus, culpa.

37. Magna negligentia, culpa est ; magna culpa dolus est. (3)

De duobus Domiciliis.

38. Viris prudentibus placuit, duobus locis posse aliquem habere domicilium, si utrubique, ita se instruxit, ut non ideò minùs apud alteros se collocasse videatur. (4)

De Dominio.

39. Duo non possunt domini ejusdem rei in solidum.

De Dominio amplissimo.

40. Dominium enim est jus amplissimum, quod cœtera in se complectitur.

De Domini loco.

41. Loco domini est, utilemqui suo nomine actionem habet. (5)

De Dominorum nimiâ sœvitiâ.

42. Nimia dominorum sævitia servos ad fugam et necem impellere solet. (6)

Si de Domino quœratur servus.

43. Hoc quoque officium præfecto urbi

35 Servius définit la mauvaise foi, une manœuvre employée pour tromper quelqu'un ; elle a lieu lorsqu'on cherche à paraître faire une chose, et que dans le vrai on en fait une autre.

36. On est fondé à avancer contre celui qui est coupable de mauvaise foi, qu'il existe toujours contre lui une voie de fait jusques à concurrence de ce dont sa mauvaise foi l'a enrichi.

37. Une grande négligence est une faute ; une grande faute est un dol.

38. Les jurisconsultes ont décidé qu'on pouvait avoir deux domiciles ; ce qui arrive lorsqu'un individu quelconque a fait construire deux maisons dans deux lieux différens, et qu'il habite dans les différentes saisons de l'année tantôt l'une, tantôt l'autre.

39. Deux individus ne peuvent avoir la propriété d'une même chose dans son entier.

40. Le droit de propriété est celui qui embrasse dans son étendue tout ce qui en est l'accessoire.

41. Celui-là est considéré comme maître qui exerce en son nom une action utile.

42. La trop grande sévérité des maîtres porte les esclaves à prendre la fuite, ou à se donner la mort.

43. L'empereur Sévère a aussi chargé le

---

(1) ff. l b. 4, t't. 3, l. 1, § 2.
(2) ff. lib. 4, tit. 3, l. 28.
(3) ff. lib. 50, tit. 16, l. 226.

(4) ff. lib. 50, tit. 1, l. 6, § 2.
(5) L. 55, ff. codem.
(6) L. 1, 2 et 3, ff. h. t.

divo Severo datum est, ut mancipi a tueatur ne prostituantur. (1)

préfet de la ville de protéger les esclaves contre les maîtres qui voudraient les déshonorer.

De eo quod debetur domino.

44. Peculium autem deducto quod domino debetur, computandum est: quia prævenisse dominus, et cum servo suo egisse creditur. (2)

44. Le pécule ne se compte jamais que, déduction faite de ce qui peut être dû au maître, parce que le maître est censé le plus diligent, et avoir contracté le premier avec son esclave.

De Donationibus, de mente capto.

45. Modestinus respondit, mente captum donare non posse. (3)

45. Le jurisconsulte Modestinus a répondu qu'un homme en démence ne pouvait faire une donation valable.

De Donatione proprie dicta.

46. Donatio est liberalitas nullo jure cogente facta.

46. Pour qu'une donation puisse être considérée comme une libéralité, il ne faut qu'aucune obligation, même naturelle, vous oblige à la faire.

De Donationis revocatione.

47. Scilicet nemo extraneum propriæ soboli anteponere velle censendus est. (4)

47. Personne n'est censé préférer un étranger à sa propre race.

De Donatione per precipuum.

48. Non conferri quod in precipuum datum est; ex mora enim liberalitate patris fit secus, si datum sit in anticipationem successionis. (5)

48. Ce qui a été donné par préciput, n'est pas sujet à rapport, il n'y a que ce qui a été donné par le père en avancement d'hoirie.

De Dotali fundo.

49. Si fundus in dotem datus sit; tam uxor, quàm maritus propter possessionem ejus fundi possessores intelliguntur. (6)

49. Lorsqu'il s'agit d'un fonds dotal, le mari, comme administrateur, est censé possesseur aussi bien que la femme.

De Dotis favore.

50. Rei-publicæ interest mulieres dotes salvas habere, propter quas nubere possunt. (7)

50. Il importe à l'Etat que les dots soient conservées aux femmes, afin qu'elles trouvent à se remarier plus facilement.

De rebus ex dotali pecunia comparatis.

51. Res quæ ex dotali pecunia comparatæ sunt, dotales esse videntur. (8)

51. Les objets achetés avec l'argent de la dot, sont dotaux.

(1) ff. lib. 1, tit. 12, l. 1, § 8.
(2) ff. lib. 15. tit. 1, l. 9, § 2.
(3) ff. lib. 39, tit. 5 .l. 23, § 1.
(4) L 102, ff. de cond. et demons.

(5) L. 29, c. de inof. test.
(6) ff. lib. 2, tit. 8, l. 15, § 3.
(7) ff. lib. 23, tit. 3, l. 2.
(8) ff. lib. 23, tit. 3, l. 54.

Ubi debet esse dos, seu de oneribus ma-trimonii.

52. Ibi dos esse debet, ubi onera matrimonii sunt. (1)

52. La dot doit être au pouvoir de celui qui est obligé de fournir aux charges du mariage.

De Dotis favore.

53. In ambiguis, pro dotibus respondere meliùs est. (2)

53. Quand, dans une convention, il se trouve des termes équivoques, il faut toujours décider en faveur de la dot.

De Dote per æstimationem.

54. Animo contrahendæ emptionis venditionis, per fictionem brevis manûs.

54. En matière de biens dotaux, l'estimation des immeubles fait supposer une vente faite au mari.

De Dote locata.

55. Maritus non potest fundum dotalem alienare, sed locare quidem potest, ita ut soluto jure dantis solvatur et jus accipientis. (3)

55. Le mari ne peut pas vendre le fonds dotal, mais il peut l'affermer ; de sorte qu'une fois le droit de celui qui donne résolu, doit aussi s'éteindre le droit de celui qui a reçu.

De Dote.

56. Ipso jure necessariis sumptibus dos minuitur

56. La dot est diminuée de plein droit par les impenses nécessaires.

De Dote sine matrimonio.

57. Neque dos sine matrimonio non esse potest.

57. La dot ne peut exister sans le mariage.

E

Quæ sunt Edenda.

1. Edenda sunt omnia, quæ quis apud judicem editurus est : non tamen, ut et instrumenta, quibus quis usurus non est compellatur edere. (4)

1. On doit se procurer toutes les pièces que l'on veut présenter devant le juge ; mais on n'est pas obligé de montrer celles dont on n'entend pas se servir.

Siquis non totam stipulationem edat.

2. Edere non videtur, qui stipulationem totam non edit. (5)

2. Celui qui ne fournit pas l'obligation tout entière, ne fait pas suffisamment connaître la nature de son action.

---

(1) ff. lib. 23, tit. 3, l. 56, § 1.
(2) ff. lib. 23, tit. 3, l. 70.
(3) L. 25, § ult. de sol. matr.

(4) ff. lib. 2, tit. 13, l. 1, § 3.
(5) ff. lib. 2, tit. 13, l. 1, § 4.

Quid sit rationem Edere.

3. Edi autem est, vel dictare, vel tradere libellum, vel codicem proferre. (1)

3. Représenter, c'est dicter, donner copie, ou montrer ses registres.

De Electione.

4. Uno è correis debendi electo cœteri liberantur.

4. Une fois qu'on a commencé de poursuivre un des débiteurs solidaires, les autres sont libérés.

De Emptione inter patrem et filium.

5. Inter patrem et filium contrahi emptio non potest; sed de rebus castrensibus potest. (2)

5. Il ne peut se faire de vente entre père et fils, à moins que ce ne soit pour choses dépendant du pécule castrense.

De Errantis voluntate.

6 Errantis nulla est voluntas. (3)

6. Là où il y a erreur, il n'y a pas de volonté.

De prætore per errorem adito.

7. Cùm, ut Julianus scribit, non consentiant, qui errant Quid enim tam contrarium consensui est, quam error, qui imperitiam detegit (4).

7. En effet, comme le remarque Julien, ceux-là ne consentent pas, qui sont dans l'erreur; car il n'est rien qui soit plus contraire au consentement que l'erreur, qui démontre toujours l'ignorance.

De Errore.

8. Non fatetur, qui errat, nisi jus ignoravit. (5)

8. Celui-là n'est point censé faire d'aveu qui est dans l'erreur, à moins que son erreur ne soit relative à un point de droit.

De Errore et consensu.

9. Non videntur, qui errant, consentire. (6)

9. Ceux qui sont dans l'erreur ne peuvent être présumés avoir donné un consentement valable.

De Errore in compendiis.

10. Juris error in compendiis nomini prodest. (7)

10. On ne peut s'autoriser de l'erreur de droit, pour dire que cet enfant vous appartient.

De Errore juris.

11. At error juris impedit rei solutæ repetitionem.

11. Ce qu'on a payé par erreur de droit ne peut être répété.

De Erroris justâ causâ in usucapione.

12. Nisi justa et probabilis erroris causa subsit, erroremque celaverit traditio. (8)

12. Si le vice du titre vous est inconnu et que la cause en vertu de laquelle vous possédez soit juste, la possession de fait vous acquiert la chose par prescription.

(1) ff. lib. 2, tit. 13, l. 6, § 7.
(2) ff. l.b. 18, tit. 1, l. 2.
(3) l. 22, ff. de test. tut.
(4) ff. lib. 2, tit. 1, l. 15.
(5) ff. lib. 42, tit 2, l. 2.
(6) ff. lib. 50, tit. 17, l. 116, § 2.
(7) l. 33, ff. de usurp. et usu.
(8) l. 11, ff. pro. emp.

24 E

De Exaratione.

15. Qui viam publicam exaraverit, ad munitionem ejus solus compellitur. (1)

15. Celui qui a labouré un chemin public doit être seul condamné à le remettre en bon état.

De Exactione.

16. Quod à quoque pœnæ nomine exactum est, id restituere nemo cogitur. (2)

16. On ne peut jamais répéter contre un tiers ce qu'on a payé à titre de peine.

De Excusatione.

17. Culpa caret, qui scit, sed prohibere non potest. (3)

17. On n'est pas coupable, lorsqu'on a connaissance d'une mauvaise action qu'on ne peut empêcher.

De eo qui excepit agere.

18. Agere etiam is videtur, qui exceptione utitur: nam reus in exceptione actor est. (4)

18. Celui qui oppose une exception ou fin de non-recevoir est censé, en quelque sorte, agir ; car le défendeur qui excepte d'une chose devient demandeur.

De Exceptione.

19. Cessante enim causa exceptionis, cessat et exceptio.

19. La cause de l'exception venant à cesser l'exception se trouve éteinte.

De Exceptionibus peremptionis.

20. Peremptorias exceptiones omissas ab initio, antequam sententia feratur opponi posse.

20. On peut opposer en tout état de cause, mais toutefois, avant le prononcé du jugement, les exceptions péremptoires, qu'on aurait négligé de faire valoir avant toute défense , si on n'y a renoncé.

F

De Facto negato.

1. Ad factum negantis nulla probatio est. (5)

1. Celui qui nie n'a pas besoin de prouver.

Falsa demonstratio.

2. Falsa demonstratio neque legatorio

2. La fausse désignation qu'a faite un

(1) ff. lib. 43, tit. 11, l. 3, § 1.
(2) l. 26, ff. de reg. jur.
(3) ff. lib. 50, tit. 17, l. 50.
(4) ff. lib. 44, tit. 1, l. 1.
(5) L. 2 ff.

De Obligatione alternativâ.

4. In alternativis sufficit alterum adimpleri.

4. Dans le cas d'obligations alternatives, il suffit d'en remplir une.

De Obligatione naturali.

5. Solo consensu consistit naturalis obligatio.

5. L'obligation naturelle se forme par le seul consentement.

De Obligatione naturali cum justâ causâ.

6. Naturalis autem obligatio justa causa est retinendi quod accepimus, nisi fortè in pupillo, contrà quem obligatio naturalis nullos habet juris effectus. (1)

6. L'obligation naturelle veut que nous retenions ce que nous avons reçu pour juste cause, à moins que la chose ne nous vienne d'un pupille, contre lequel l'obligation naturelle ne produit aucun droit.

De Obligationibus inæqualibus.

7. Inæqualitas enim quantitatum facit inæquales, ac proinde dispares obligationes, cùm tot sint diversæ stipulationes, quot res diversæ. (2)

7. L'inégalité dans les quantités produit l'inégalité et la différence dans les obligations; car il y a autant de stipulations que de choses différentes.

De Obligatione solutâ.

8. Cùm tantum debeatur res una, hujus solutione tollitur obligatio. (3)

8. Lorsqu'on ne doit qu'une chose et qu'elle est payée, il n'y a plus d'obligation.

De Obligatione in minorem quantitatem.

9. In minorem quidem quantitatem non contrahitur obligatio.

9. On ne s'oblige pas lorsqu'on promet une plus petite quantité que celle qui est demandée.

De Obligatione inutili.

10. obligatio conferri non potest in arbitrium debitoris. (4)

10. Une obligation quelconque ne peut être valable, si elle est laissée à l'arbitrage de celui qui s'oblige.

De Obligatione principali peremptâ.

11. Peremptâ principali obligatione accessoria quoque evanescit. (5)

11. L'obligation principale éteinte, l'obligation accessoire n'existe plus.

De Obligatione ex voluntate promittentis.

12. Nulla promitio potest consistere, quæ ex voluntate promittentis statum capit. (6)

12. La promesse, dont l'exécution dépend de la volonté du promettant, est sans valeur.

(1) L. 59, ff. de oblig.
(2) L. 29, ff. cod.
(3) L. 2, ff. h. t,

(4) L. 13, c. h. t.
(5) L. 43, ff. de soluti.
(6) ff. lib. 45, tit. 1, l. 108, § 1.

Quibus modis tollitur Obligatio.

13. Nihil tam naturale est, quàm eo genere quidque dissolvere, quo colligatum est. Ideò verborum obligatio verbis tollitur : nudi consensûs obligatio, contrario consensu dissolvitur. (1)

13. Rien n'est plus naturel que de rompre ses engagemens en suivant les mêmes moyens qu'on a employés pour les contracter ; ainsi si ce sont des obligations verbales, on doit les détruire verbalement, si ce sont des obligations formées au moyen d'un consentement, on doit les dissoudre par un consentement contraire.

De Obscuris.

14. Semper in obscuris, quod minimum est, sequimur. (2)

14. Dans les choses qui présentent de l'obscurité, il faut toujours prendre le parti le plus doux.

De eo qui occidit vel causam præbuit.

15. Nihil interest, occidat quis, an causam mortis præbeat. (3)

15. Il est égal de tuer un homme ou d'être la cause de sa mort.

De Occupatione ferarum.

16. Quod enim antè nullius est, id naturali ratione occupanti conceditur.

16. La raison naturelle veut que ce qui n'appartient à personne soit à celui qui le premier s'en empare.

De Officiis.

17. Officium suum nemini damnosum esse debet. (4)

17. Il ne faut pas que les bons services qu'une personne rend, puissent tourner à son désavantage.

De Officio amici.

18. Non debet quiquam amici officium exhiberi ultrà quàm velit. (5)

18. On ne peut pas obliger un ami, au-delà de ce qu'il a pu vouloir.

De Onere lucri annexo.

19. Neque ferendus est is, qui lucrum quidem amplectitur, onus ei annexum contemnit. (6)

19. On ne doit pas écouter celui qui, s'attachant au gain, repousse les charges qui en sont inséparables.

De Operibus non prestitis.

20. Advocati quoque, si per eos non steterit, quominùs causam agant, honoraria reddere non debent. (7)

20. Les avocats ne sont pas tenus à rendre les honoraires qu'ils ont reçu, s'il n'a pas dépendu d'eux de plaider la cause.

Quid sit opus novum facere.

21. Opus novum facere videtur, qui aut

21. On fait un nouvel œuvre, une nou-

(1) ff. lib. 50, tit. 17, l. 35.
(2) ff. lib. 50, tit. 17, l. 9.
(3) ff. lib. 48, tit. 8, l. 15.
(4) L. 13, c. mandati.

(5) L. 1, § 4, l. 17, ff. de man.
(6) L. 1, § 3, c.
(7) ff. lib. 19, tit. 2, l. 38.

ædificando, aut detrahendo aliquid, pristinam faciem operis mutat. (1)

An liceat novum opus facere.

22. Opus novum privato etiam sine principis auctoritate facere licet, præterquàm si ad æmulationem alterius civitatis pertineat, vel materiam seditionis præbeat, vel circum, theatrum, vel amphitheatrum sit. (2)

De Opere novo.

23. Publico verò sumptu opus novum sine principis autoritate fieri non licere, constitutionibus declaratur. (3)

De Opere facto in loco publico.

24. Si in publico opus factum est, cui aqua pluvia noceret agi non potest, interveniente loco publico agi poterit.

De Opinione.

25.(En parlant du cas où l'erreur anéantit un acte, et empêche que celui qui en est l'auteur ait pu faire ce qu'il a fait.) Placet que plus valere quod est in opinione, quàm quod in veritate. (4)

De Optione.

26. Publico judicio præjudicium fit, ubi privato actum est.

De Oratione embiguâ.

27. Quotiens in stipulationibus ambigua oratio est, commodissimum est id accipi, quo reâ dequa, agitur, in tuto sit. (5)

De indignis aliquo Ordine.

28. Qui indignus est inferiore ordine indignior est superiore. (6)

velle entreprise, quand on change la forme ancienne d'un ouvrage, soit qu'on ajoute ou qu'on retranche.

22. Il est permis à un particulier de faire un nouvel œuvre, même sans l'autorité du prince, à moins que le nouvel œuvre, étant pour exciter l'émulation d'une autre ville, ne devienne un objet de sédition, que ce soit un cirque, un théâtre, un amphithéâtre.

23. Les ordonnances portent qu'on ne peut, sans une permission du prince, faire de nouvel œuvre sur un terrain public.

24. Si un ouvrage a été pratiqué dans un lieu public, et que les eaux de la pluie viennent à le dégrader, on n'a point d'action; mais on peut poursuivre un propriétaire qui a exécuté des constructions nuisibles sur un fond, quoique séparé de nos propriétés par un lieu public.

25. L'opinion l'emporte sur la vérité (toutes les fois que l'erreur anéantit l'acte, et empêche que celui qui en est l'auteur ait pu faire ce qu'il a fait)

26. Lorsqu'on a pris la voie civile, on ne peut plus agir par la voie criminelle.

27. Toutes les fois qu'il y a de l'obscurité dans les termes dont on s'est servi pour stipuler, il faut les entendre de manière que le contrat ait son effet.

28. Celui qui s'éclipse au second rang, ne peut être capable de soutenir un rang plus élevé.

---

(2) ff. lib. 39, tit. 1, l. 1, § 11.
(2) ff. lib. 50, tit. 10, l. 3.
(3) ff, lib. 50, tit. 10, l. 3, § 1.

(4) L. 15, 16, 17, ff. de acqui. vel ami. hær.
(5) ff. lib. 45, tit. 1, l. 80.
(6) ff. lib. 1, tit. 9, l. 4.

De Ordine municipali.

29. Lege autem municipali cavetur, ut ordo non aliter habeatur, quàm duabus partibus adhibitis.

29. La loi municipale porte que l'ordre desdecurions ne peut délibérer, que quand moitié de ses membres se trouvent réunis.

P

De Pactis.

1. Licet sui juris persecutionem, aut spem futuræ perceptionis deteriorem constituere. (1)

1. Il est permis à chacun de renoncer, par des conventions particulières, à un droit acquis, ou à l'espérance d'un gain qui doit lui arriver.

De Pactis nudis.

2. Traditionibus et usucapionibus dominia rerum, non nudis pactis transferuntur. (2)

2. C'est par la tradition et la vente que se transmet le domaine d'une chose, et non par une simple promesse.

De Pactis seu de acceptilatione.

3. Acceptilatio pariter juris est ac stipulatio. (3)

3. L'acceptilation est un moyen établi par le droit pour éteindre l'obligation qui provient d'une stipulation.

De Pacto contra jus.

4. Generaliter, quotiens pactum à jure communi remotum est, servari hoc non aportet. (4)

4. Une convention contraire au droit commun, en général, n'oblige point.

De Pacto magistri societatis.

5. Item magistri societatum pactum et prodesse et obesse constat. (5)

5. Les pouvoirs donnés à un préposé pour faire toutes les affaires de la société, obligent pour et contre cette même société.

De Pacto tutoris.

6. Tutoris quoque, ut scribit Julianus, pactum pupillo prodest. (6)

6. Le traité arrêté par le tuteur doit être exécuté par le pupille, dit Julien, si ce traité lui est favorable.

De quibus Pacisci non licet, et ad quos Pactum pertineat

7. Pacta, quæ turpem causam continent, non sunt observanda; veluti si paciscar, *ne furti agam, vel injuriarum si fecerit :* expedit enim timere furti, vel

7. Les conventions qui ont une cause honteuse ne doivent pas être exécutées; s je conviens, V. G., *de ne pas intenter contre vous une action pour vol ou*

(1) ff. lib. 2, tt. 14, l. 46.
(2) L. tradi. cod. de pactis.
(3) L. 31, ff. de reg. jur. et l. 6, ff. de accept.

(4) ff. lib. 2, tit. 14, l. 7, § 16.
(5) ff. lib. 2, tit. 14, l. 14.
(6) ff. lib. 2, tit. 14, l. 15.

injuriarum pœnam. Sed post admissa hæc, pacisci possumus. Item, *ne experias interdicto unde vi*, quatenus publicam causam contingit, pacisci non possumus. Et in summa si pactum conventum à re privata remotum sit, non est servendum. Ante omnia enim amadvertendum est, ne conventio in alia re facta, aut cum alia re, aliave persona noceat. (1)

injure, *dans le cas où vous vous en rendrez coupable*; car il est utile qu'on craigne la peine attachée au vol, aux injures; mais on peut transiger sur les dommages résultant du crime. Et de même on ne peut point s'obliger par convention à renoncer à l'action que donne le préteur contre ceux qui commettent quelque violence, autant que cette action touche l'intérêt public. En général, si la convention s'étend au-delà de l'intérêt privé, elle ne doit pas être observée; il faut considérer avant tout qu'une convention faite dans une certaine affaire, et entre de certaines personnes, ne doit point nuire dans une autre affaire et vis-à-vis d'autres personnes.

De Pactione obscurâ vel ambiguâ.

8. Veteribus placet, pactionem obscuram, vel ambiguam, venditori et qui locavit nocere; in quorum fuit potestate legem apertiùs conscribere. (2)

8. Nos anciens ont décidé que l'obscurité et l'ambiguité dans les conventions devaient s'interpréter contre le vendeur ou le bailleur à loyer, parce qu'il dépendait d'eux de s'exprimer plus clairement.

Paries.

9. Paries est, sive murus, sive maceria est. (3)

9. Un mur, est une clôture ou tout autre soutenement construit avec du mortier ou sans mortier.

De Partu abacto.

10. Si mulierem visceribus suis vim intulisse, quò partum abigeret, constituerit : eam in exilium præses provinciæ exiget. (4)

10. S'il est prouvé qu'une femme, pour se procurer l'avortement, a fait violence à ses entrailles, le gouverneur de la province la condamnera au bannissement.

De Patria potestate.

11. Patria potestas non in uctoritate, sed in pietate consistere debet. (5)

11. La puissance paternelle ne doit pas s'exercer avec cruauté, mais avec tendresse.

De Patriæ potestatis auctoritate.

12. In familiâ unus tantum est princeps, nempe ipse pater-familias. (6)

12. Dans les familles, le père seul doit être le chef.

De in Patriam potestatem nemo invitus.

13. Nemo invitus in patriam potestatem redigitur.

13. On ne peut, sans son consentement, être mis sous la puissance d'un autre.

(1) ff. lib. 2, tit. 14, l. 27, § 4.
(2) ff. lib. 2, tit. 14, l. 19.
(3) ff. lib. 50, tit. 16, l. 157.
(4) ff. lib. 48, tit. 8, l. 8.
(5) L. 5, ff. de l. pomp. de parici.
(6) L. 195, § 2, ff. de verb. sign.

De Pecuniâ civitatis.

14. Pecunia civitatis propriè publica non est. (1)

14. L'argent d'une ville n'est pas à proprement dit public.

De Pœnitentiâ peccati.

15. Ex tali peccato nemo sua pœnitentia fit innocens. (2)

15. Personne, par son repentir, ne peut être absous d'un vol ou délit.

De Persona interposita.

16. Sanè in plerisque ita observatur, ut omissa interpositi capientis persona spectetur. (3)

16. Il arrive souvent en droit, qu'on fait abstraction de la personne interposée, pour ne considérer que celle qui doit recevoir le legs.

De Personis conjunctis.

17. Inter personas conjunctas res non sunt amarè tractandæ.

17. Entre proches, on ne doit pas se montrer difficile jusqu'à la dûreté.

De Perceptione fructuum.

18. Interìm tantùm non verò incommutabiliter.

18. (Le possesseur de bonne foi fait les fruits siens par la perception), mais ne les acquiert pas toujours incommutablement.

Petendo minus.

19. Minùs petendo nulla fit injuria reo; ideòque nulla minùs petitionis pœna est.

19. Celui qui demande moins qu'il ne lui est dû, ne fait aucun tort au défendeur; aussi il ne peut être soumis à aucune peine.

De Placito divisionis.

20. Divisionis placitum, nisi traditione, vel stipulatione sumat effectum, ad actionem, ut nudum pactum, nulli prodesse poterit. (4)

20. Une convention de partage, non suivie de tradition ni de stipulation, ne produit pas d'action : cette convention n'a d'autre force que celle d'un pacte simple.

De Pluribus rebus pignoratis.

21. Qui pignori plures res accepit, non cogitur unam liberare, nisi accepto universo quantùm debetur. (5)

21. Le créancier qui a reçu plusieurs choses en gage, ne peut être forcé d'en décharger aucune de l'obligation qui l'aggrave, avant d'être entièrement payé.

De eo quod est plus vel minus.

22. Non debet, cui plùs licet, quod minùs est, non licere. (6)

22. Celui à qui il est permis de faire le plus, peut à plus forte raison faire le moins.

---

(1) L. 83, ff. de furt.
(2) L 67, ff. de condic. furt.
(3) ff. lib. 35, tit. 2, l. 57.

(4) ff. lib. 2, tit. 14, l. 45.
(5) ff. lib. 20, tit. 1, l. 19.
(6) ff. lib. 50, tit. 17, l. 21.

Pomum.

23. Qui fondum vendidit, pomum recepit: nuces, et ficos, et uvas duntaxat duracinas et purpureas recepta videri. (1)

23. Celui qui, en vendant un fonds, se réserve les fruits de l'année, est censé se réserver les noix, les figues, les raisins dont l'écorce est dure et de couleur pourprée.

De Possessore et Petitore.

24. Cùm de lucro duorum quæratur, melior est causa possidentis. (2)

24. Lorsqu'il s'agit de décider entre deux parties, quelle est celle dont la condition est la plus avantageuse, il faut donner la préférence à la cause de celui qui possède.

Possessores post litem.

25. Post litem contestatam omnes possessores sunt pares.

25. La contestation en cause constitue le possesseur de mauvaise foi, et interrompt par suite le gain des fruits.

In Possessione esse et Possidere.

26. Esse in possessione et possidere non sunt idem. (3)

26. Etre en possession et posséder ne sont pas une même chose (l'un est relatif au droit et l'autre au fait de la possession.)

De Possessione propriè dicta.

27. Possessio autem non animo tantum, sed etiam corpore acquiritur. (4)

27. La possession ne s'acquiert seulement pas par l'intention, mais par la détention corporelle.

De Possessione bonæ fidei.

28. Si alii bonâ fide accipienti tradiderit; poterit ei longa possessione res acquiri, quia neque furtivum, neque vi possessum acceperit.

28. Si le fonds est délivré à quelqu'un qui le reçoit de bonne foi, cet acquéreur pourra en devenir le propriétaire par une longue possession, parce que ce fonds ne se trouve pas dans le cas d'une chose volée, ni dans celui des choses occupées par violence.

De Possessionis causâ.

29. Nemo potest sibi mutare causam possessionis. (5)

29. On ne peut pas changer la cause de sa possession.

De Possessore in pari causâ.

30. In pari causa melior est conditio possidentis quàm petentis. (6)

30. Lorsque dans une cause les conditions sont pareilles, la cause de celui qui possède est toujours la meilleure.

De Possessore.

31. Possessor autem dominum ejus se esse dicat.

31. Le possesseur est toujours censé être le maître de la chose qu'il possède.

(1) ff. lib. 50, tit. 16, l. 205.
(2) ff. lib. 50, tit. 17, l. 126, § 2.
(3) L. 10, C. de acqui, et ret. poss.
(4) L. 3, § 1, ff. de acqui vel. amit. pos.
(5) L. 11, ff. de divers. temp. præs.
(6) L. 9, § 4, ff. de public. in rem. act.

De Possessione improbâ.

32. Improba possessio firmum titulum possidenti præstare non potest. (1)

32. Une possession vicieuse ne peut point donner un titre valable au possesseur.

Posteriora prioribus.

33. Posteriora prioribus derogant.

33. Les postérieurs dérogent aux premiers ou sont préférés.

De eo qui est in Postestate alteriûs.

34. Qui est in potestate alteriûs non potest habere alium in sua potestate. (2)

34. Celui qui est sous la puissance d'autrui ne peut avoir personne sous son autorité.

De Priore.

35. Si quidem primus est ille , quem nemo præcedit.

35. Celui-là est le premier que personne n'a devancé.

De Privilegiis.

36. Nemo cogitur suo privilegio.

36. On ne peut pas être contraint de se servir de son privilége.

De Privilegiis sine detrimento.

37. Militum privilegia in aliorum Injuriam porrigi non debent. (3)

37. Les priviléges accordés aux militaires ne doivent tourner au préjudice de personne.

De Privilegiis militum.

38. Milites pugnant pro patria , laribus et religione fortiter milites pugnant.

38. Les militaires combattent vaillamment pour la patrie , pour nos foyers et pour la religion.

De Probationibus recipiendis.

39. Veritas rerum erroribus gestarum non vitiatur. (4)

39. La vérité des faits ne peut être altérée par les précautions que l'on prend pour la déguiser.

De Probationibus.

40. In his quæ probatu dificilia, leviores probationes ut sunt conjecturæ et probationes admitti.(5)

40. Les choses qu'on ne peut prouver que difficilement, se prouvent à l'aide de probalités et de conjectures.

De his quæ Procurator cæsaris agit , gessitque.

41. Quæ acta, gestaque sunt à procuratore cæseris , sic ab eo comprabantur atque si à cæsare gesta sunt. (6)

41. Tout ce que le procureur de l'empereur fait , a autant de force que si l'empereur le faisait lui-même.

---

(1) C. L 7, de acqui. omit. posses.
(2) L. 21, ff. ad leg. jul. de adult.
(3) L. 15, 28 , 41, ff. h. r.

(4) ff. lib. 1 , tit. 18 , l. 6 § 1.
(5) Maccardus, chap. 1177, n° 28.
(6) ff. lib. 1 , tit. 19, l. 1.

De Hæreditate descendente.

16. Hæreditas naturaliter descendit po- tiùsquám ascendit.

16. Dans l'ordre de la nature, le droit de succéder descend plutôt qu'il ne monte.

De his qui succedunt.

17. Hi qui in universum jus succe- dunt, hæredis loco habentur. (1)

17. Ceux qui succèdent à l'universalité des droits d'un quelqu'un, sont considé- rés comme héritiers.

De Honesto.

18. Non omne quod licet honestum est. (2)

18. Ce qui est permis n'est pas toujours conforme aux principes de l'honnêteté.

De Honoribus eodem tempore non gerendis in duabus civitatibus.

19. Sed eodem tempore, non sunt ho- nores in duabus civitatibus ab eodem ge- rendi. Cùm simul igitur utrubique defe- runtur : potior est originis causa. (3)

19. On ne peut en même temps exercer un emploi dans deux villes différentes ; ainsi, lorsque quelqu'un aura été appelé pour occuper des fonctions à deux endroits différens, en même temps ; il devra pré- férablement opter pour le lieu de sa naissance.

De Honorario advocatorum.

20. In honorariis advocatorum ita versari judex debet, ut pro modo litis, proque advocati facundia, et fori consuetudine, et judicii in quo erat acturus, æstimatio- nem adhibeat : dummodò licitum hono- rarium quantitas non egrediatur. Ita enim rescripto imperatoris nostri, et patris ejus continetur. Verba rescripti ita se ha- bent. « Si Julianus Maternus, quem pa- » tronum causæ tuæ esse voluisti, fidem » susceptam exhibere paratus est : eam » duntaxat pecuniam, quæ modum legi- » timum egressa est, repetere debes. » (4)

20. Le président de la province connaît des demandes des avocats concernant leurs honoraires ; pour les adjuger, il doit pren- dre en considération l'importance de la cause dans laquelle l'avocat a plaidé, la force du talent qu'elle exigeait et les hono- raires qu'on est dans l'usage d'accorder en pareil cas, en observant toutefois de ne pas outre-passer les bornes de ceux qui sont permis. C'est ainsi que notre empe- reur et son père l'ont établi par un res- crit. « Si Julianus Maternus, dans la cause » duquel vous avez plaidé, offre de vous » payer ce qu'il vous a promis, pour vous » charger de son affaire, vous ne devez rien » exiger au-delà de cette promesse. »

Hostes.

21. Hostes hi sunt, qui nobis aut quibus nos publicè bellum decrevimus ; cœteri latrones aut prædones sunt. (5)

21. Ceux-là sont ennemis, qui nous déclarent ou à qui nous déclarons publi- quement la guerre ; les autres sont des brigands et des voleurs.

(1) l. 38 § 1, ff. de reg. jur.
(2) ff. l. 44, de rit. nup.
(3) ff. lib. 50, tit. 1, l. 17, § 4.

(4) ff. lib. 50, tit. 13, l. 1, . 10.
(5) ff. lib. 50, tit. 16, l. 118.

De Hypothecariâ actione.

22. Quapropter sublata per triginta annorum spacium principali obligatione, actio quoque hypothecaria, utpote accessoria evanescit.

22. L'obligation principale se trouvant éteinte par l'espace de trente ans, l'action hypothécaire comme accessoire se perd aussi.

I

De Ignorentiâ rei principalis.

1. Fidejubere pro alio potest quisque, etiam si promissor ignoret. (1)

1. Qui que ce soit peut se rendre garant pour un débiteur, lors même que celui-ci l'ignorerait.

De Immunitate.

2. Quoties de immunitate agitur, annus inceptus non habetur pro completo. (2)

2. Lorsqu'il s'agit d'obtenir une exemption, il faut que l'année soit complète et non commencée.

De Impensis.

4. Si quid post acceptum communi dividundo judicium fuerit impensum, nerva rectè existimat, etiam hoc venire. (3)

4. *Nerva* pense avec raison, qu'il faut comprendre dans le jugement, les dépenses qui ont été faites sur la chose commune, après l'introduction d'instance.

De Imperitiâ.

5. Imperitia culpæ adnumeratur. (4)

5. L'ignorance est considérée comme une négligence dont on est responsable.

De Impossibilibus.

6. Impossibilium nulla obligatio est. (5)

6. A l'impossible nul n'est tenu.

De Imprudentiâ artificis.

7. Imprudentiæ artificis non succuritur, quia unusquisque peritiam in arte suâ præstare debet

7. L'ignorance de l'ouvrier n'est pas une excuse, parce que chacun dans son art est obligé d'avoir les connaissances requises.

De Impubere corruptâ.

8. Qui nondum viripotentes virgines corrumpunt, humiliores in metallum damnantur, honestiores in insulam relegantur, aut in exilium mittuntur. (6)

8. Ceux qui ont corrompu des vierges non encore nubiles, s'ils sont d'un rang peu élevé, sont condamnés aux mines; s'ils sont d'un état plus distingué, on les relègue dans une île, ou sont envoyés en exil.

(1) ff. lib. 46, tit. 1, l. 30.
(2) L. 2, C. h. t.
(3) ff. lib. 10, tit. 3, l. 6 § 3

(4) ff. lib. 50, tit. 17, l. 132.
(5) ff. lib. 50, tit. 17, l. 185.
(6) ff. lib. 48, tit. 19, l. 38, § 3.

De his qui impudicitiæ gratia fiunt.

9. Qui puero stuprum, abducto ab eo, vel corrupto comite persuaserit, aut mulierem puellamve interpellaverit, quidve impudicitiæ gratiâ fecerit.... perfecto flagitio, punitur capite. (1)

9. Celui qui, tirant l'enfant à part, l'aura engagé à souffrir le viol en corrompant celle qui le lui aura emmené; celui qui aura cherché à séduire une femme ou une jeune fille, le crime consommé, sera puni de mort.

De Incendio.

10. Si fortuitò incendium factum sit, venia indiget : nisi tam lata culpa fuit, ut luxuriæ, aut dolo sit proxima. (2)

10. Si un incendie est arrivé à suite d'un événement imprévu, il faut le pardonner, à moins que ce ne soit par une faute tellement grave, qu'elle approche de la folie ou du dol.

De Inclusione unius.

11. Inclusio unius est exclusio alterius.

11. La mention d'une chose est l'exclusion de l'autre.

De Indebiti repetitione.

12. Naturalis obligatio impedit repetitionem indebiti.

12. Ce qui se paie à raison d'une obligation naturelle ne peut être répété.

Ab initio.

13. Quod ab initio non valet, tractu temporis non potest convalescere. (3)

13. Ce qui est nul dès son principe ne peut par la suite des temps devenir valable.

Ab initio constituta.

14. Quæ semel utiliter constituta sunt, durant. (4)

14. Ce qui a été utilement fait dans le commencement doit être maintenu.

De Injuriâ æstimœtâ

15. Sua cujusque injuria propriam habet æstimationem. (5)

15. L'estimation de l'injure se fait d'après les qualités d'un chacun.

De Injuriâ remissâ.

16. Posteà ex pænitentiâ remissam injuriam non poterit reçolere.

16. Lorsque l'on s'est contenté d'une satisfaction quelconque, on ne peut plus poursuivre les réparations d'une injure qu'on a ainsi remise.

De Infamiâ.

17. Iniquum esset aliquem ob levem culpam infamia notari.

17. Il est injuste pour une légère faute, que quelqu'un soit noté d'infamie.

De Injuriâ retorquatâ.

18. Retortio quâ quis injuriam verbalem

18. La retortion est l'injure que celui

---

(1) ff. lib. 47, tit. 11, l. 1 § 2.
(2) ff. lib. 47, tit. 9, l. 11.
(3) L. 29, ff de reg. jur.

(4) L. 5, ff. ad leg. falc.
(5) L. 118, ff. h. t.

incontinenti retorquendo in illum qui eam evomuit, contumeliam a se amovit. (1)

De Injuriâ felice.

19. Felix injuria.

qui est injurié retourne aussitôt contre son adversaire, et par ce moyen repousse l'offense qui lui est faite.

19. Soufflet que le magistrat romain donnait à celui qui lui était présenté pour être affranchi.

De etimologiâ et significatione verbi Injuriæ.

20. Injuria ex eo dicta est, quòd non jure fiat; omne enim quod non jure fit, injuria fieri dicitur. (2)

20. *Injure* se dit de tout ce qui est fait sans droit, car tout ce qui est fait sans droit, est dit fait injurieusement.

De diversis Injuriis.

21. Fit injuria contra bonos mores, veluti si quis fimo corrupto aliquem perfuderit; cœno, luto obtinuerit, aquas spurcaverit, fistulas, lacus, quidve aliud ad injuriam publicam contaminaverit, in quos graviter animadverti solet. (3)

21. Il y a injure contre les bonnes mœurs, toutes les fois que quelqu'un répand sur un autre de la fiante corrompue, le couvre de boue, ou de fange; infecte des eaux, souille des canaux, des réservoirs, ou d'autres choses dans le but de faire une injure au public, tous ces crimes sont punis sévèrement.

De Inopiâ.

22. Is nullam videtur actionem habere, cui propter inopiam adversarii inanis actio est. (4)

22. C'est comme si on n'avait pas d'action, que d'en avoir contre un quelqu'un que son insolvabilité affranchit de tout recours utile.

De Instituto ex pluribus partibus.

23. Si solus hæres ex pluribus partibus fuero institutus, unam partem omittere non possum : nec interest, in quibusdam habeam substitutum, necne. (5)

23. Un héritier, institué seul pour différentes portions, ne peut pas en abandonner une, pour s'en tenir aux autres, quand même il aurait un substitué pour les portions qu'il abandonne.

De Institutione.

24. Quæ ab initio inutilis fuit institutio, ex post facto convalescere non potest. (6)

24. Une institution d'héritier, qui est nulle dans son principe, ne peut devenir valable par la suite des temps.

De Institutione hæredis.

25. Si quis nomen hæredis quidem non dixerit, sed indubitabili signo eum de-

25. Si le testateur ne désigne pas l'héritier par son nom, mais par des signes

---

(1) L. 14, § 6, ff. de injur.
(2) ff. lib. 47, tit. 10, l. 1.
(3) ff. lib. 47, tit. 11, l. 1, § 1.

(4) ff. lib. 4, tit. 3, l. 3.
(5) ff. lib. 29, tit. 2, l. 80.
6) ff. lib. 50, tit. 17, l. 210.

monstraverit, quod penè nihil a nomine distat, valet institutio. (1)

incertains, qui cependant le font connaître, l'institution vaudra.

Quando Institutio non valet.

26. Quotiès non apparet quis hæres institutus sit, institutio non valet. (2)

26. Quand on ne peut pas reconnaître quel est l'héritier qu'on a voulu nommer, l'institution est nulle.

De Instrumento.

27. Instrumentum semper ritè factum censeatur, ipsique standum sit, nisi contrarium probetur. (3).

27. Un acte est toujours présumé fait dans les formes, et doit faire pleine foi, à moins que le contraire ne soit démontré.

Instrumentorum definitio.

28. Instrumentorum nomine ea omnia accipienda sunt, quibus causa instrui potest; et ideò tam testimonia, quàm personæ instrumentorum loco habentur. (4)

28. En général on entend par pièces, tout ce qui peut servir à instruire une cause; ainsi les dépositions des témoins, et les témoins eux-mêmes peuvent être regardés comme des pièces.

De Intentione ambiguâ.

29. Si quis intentione ambigua, vel oratione usus sit; id quod utilius, ei accipiendum est. (5)

29. Lorsque celui qui a contracté s'est servi des termes équivoques, ou que son intention est douteuse, il faut entendre la convention dans le sens le plus favorable.

De Interlocutorio.

30. Judici licet ab interlocutorio discedere.

30. Les jugemens interlocutoires ne lient pas les juges, ils peuvent s'en écarter.

De Interpretatione benignâ.

31. Benigniùs leges interpretendæ sunt, quò voluntas earum conservetur. (6)

31. Voulez-vous remplir le vœu de la loi, donnez à la volonté du législateur une interprétation favorable.

Interpretatio legis in preteritum.

32. Cùm lex, in preteritum quid indulget, in futurum vetat. (7)

32. Lorsque la loi se montre indulgente pour ce qui est passé, l'avenir la trouve inflexible dans ses défenses.

De Interpretatione legis favorabilis.

33. Nulla juris ratio, aut æquitatis be-

33 Aucune loi, ou motif favorable ne

(1) L. 9, ff. de hœr. inst.
(2) L. 62, de ff. hœred. iust.
(3) L. 18, C. de probatio.
(4) ff. lib. 22, tit. 4, l. 1.

(5) ff. lib. 5, tit. 1, l. 66.
(6) ff. lib. 1, tit. 3, l. 18.
(7) ff. lib. 1, tit. 3, l. 22.

nignitas patitur, ut quæ salubriter pro utilitate hominum introducuntur, ea nos duriore interpretatione contra ipsorum commodum producamus ad severitatem. (1)

peut vous obliger a interpréter judaïquement des lois établies pour l'utilité et le bonheur des hommes.

De Interpretatione testamentorum.

35. In testamentis plenius voluntates testantium interpretantur. (2)

35. Dans les testamens la volonté du testateur doit toujours être interprétée d'une manière favorable.

De Interpretatione contractuum.

36. Semper in stipulationibus et in cæteris contractibus id sequimur, quod actum est; aut si non appareat quid actum est, erit consequens, ut id sequamur quid in regione in qua actum est, frequentatur. Quid ergo, si neque regionis mos appareat, quia varius fuit? ad id quod minimum est, redigenda summa est. (3)

36. Dans les stipulations et les autres contrats, on doit toujours rechercher et suivre la commune intention des parties; si elle n'est pas assez clairement exprimée, on doit avoir recours à l'usage du lieu où la convention a été arrêtée. Mais que faudra-t-il faire si l'usage du pays ne décide rien sous ce rapport? on prendra alors le parti qui sera le moins onéreux pour le débiteur.

De Interpretatione juris.

37. Summum jus summa injuria.

37. Une interprétation trop rigoureuse de la loi blesse souvent l'équité.

De Interpretatione duriorâ.

38. Quod in gratiam alicujus introductum est, non debet duriori interpretatione verti in ejus perniciem. (4)

38. Ce qui a été introduit pour favoriser un quelqu'un, ne doit pas tourner à son désavantage par une trop rigoureuse interprétation.

De Interpretatione voluntatis defuncti.

39. Tam strictè voluntates defunctorum interpretandæ sunt. (5)

39. La volonté du défunt ne doit pas être interprétée d'une manière trop rigoureuse.

De Interrogationibus in jure faciendis, de probatione difficili.

40. Plerumque difficilis probatio aditæ hæreditatis est. (6)

40. Il est difficile de prouver qu'une personne a accepté une succession.

Interrogatio, de quadrupede.

41. Si quis in jure interrogatus, an

41. Si quelqu'un interrogé en justice,

(1) ff. lib. 3, tit. 3, l. 25.
(2) ff. lib. 50, tit. 17, l. 12.
(3) ff. lib. 30, tit. 17, l. 34.

(4) L 25, ff. de legib.
(5) L. 12, § 2, ff. h t.
(6) ff. lib. 11, tit. 1, l. 3.

quadrupes quæ pauperiem facit, ejus sit? responderit, tenetur. (1)

si un animal qui a porté préjudice à autrui lui appartient, répond affirmativement, son aveu l'oblige.

Intestatus.

41. Intestatus est, non tantùm, qui testamentum non facit, sed etiam cujus ex testamento, hæreditas adita non est. (2)

41 Un intestat s'entend non-seulement de celui qui est mort sans faire testament, mais aussi de celui dont la succession n'a pas été acceptée quoique donnée par testament.

De calore iracondiæ.

42 Quidquid in calore iracondiæ, vel fit, vel dicitur, non prius ratum est, quàm si perseverantia apparuit indicium animi fuisse. (3)

42. Tout ce qui se fait ou se dit dans un transport de colère, n'a de force que quand on persévère dans les sentimens que cet emportement a inspiré.

De Iræ dissimulatione.

43. Hæc persecutio expirat, emissione sive expressâ, sive tacitâ, quæ ex dissimulatione iræ et familiari cum reo consuetudine colligitur. (4)

43. L'action d'injure s'éteint par la remise expresse ou tacite de celui qui dissimule sa colère, ou qui se lie de familiarité avec l'auteur de l'offense.

Si quis itinere ad sepulcrum non utatur.

44. Iter sepulcro debitum non utendo nunquàm amittitur. (5)

44. Le chemin pour arriver à un sépulcre ne se perd pas par le non usage.

J

Si Judex litem suam fecerit.

1. Si judex litem suam fecerit, non propriè ex maleficio obligatus videtur : sed quia neque ex contractu obligatus est, et utiquè pecasse aliquid intelligitur, licet per imprudentiam : ideò videtur quasi ex maleficio teneri in factum actione, et in quantum de ea re æquum religioni judicantis visum fuerit, pœnam sustinebit. (6)

1. Si un juge a mal jugé une affaire, il n'est pas, à proprement parler, obligé à cause de son mal jugé; mais quoiqu'il ne soit pas obligé en vertu d'un contrat, on peut assurément le considérer comme ayant prononcé contre l'équité, quoique par imprudence : par rapport à l'action expositive du fait qui lui impose des obligations, il est soumis à la peine que le juge qui en connaîtra croira juste de lui infliger.

(1) ff. lib. 11, tit. 1, l. 7.
(2) ff. lib. 50, tit. 16, l. 64.
(3) ff. lib. 50, tit. 17, l. 48.

(4) L. 11, § 1, ff. de inj.
(5) ff. lib. 8, tit 6, l. 4.
(1) ff. lib. 50, tit. 13, l. 6.

De Judicata re, quo casu omnes intelliguntur judicare.

1. Universi judices intelliguntur judicare, cùm omnes adsunt (1).

1. Tous les juges sont censés avoir jugé quand ils ont été présens.

De Judice corrupto.

2. Judices Pedanei, si pecunia corrupti dicantur plerumque a preside, aut curia summoventur, aut in exilium mittuntur, aut ad tempus relegantur. (2)

2. Les juges Pédanais, s'ils se sont laissés corrompre par argent, sont, pour la plupart du temps, rayés par le président du nombre des juges, ou envoyés en exil, ou relégués pour un temps.

De Facto a judice.

3. Factum à judice, quod ad officium ejus non pertinet, ratum non est. (3)

3. Tout ce qu'un juge fait au-delà de ses pouvoirs est de nul effet.

De Judicis fortitudine.

4. Sed et in cognoscendo nequè excandescere adversus eos quos malos putat, nequè precibus calamitosorum illacrimari oportet; id enim non est constantis et recti judicis, cujus animi motum vultus detegit. Et summatim ita jus reddet, ut autoritatem dignitatis ingenio suo augeat. (4)

4. Un juge qui rend la justice ne doit pas s'emporter avec feu contre ceux qu'il regarde comme méchans, ni s'attendrir avec trop de sensibilité en voyant les larmes de ceux qui leur exposent leur Infortune; cette contenance ne convient pas à la dignité d'un magistrat qui ne doit jamais laisser apercevoir les mouvemens de son âme; en un mot, il doit rendre la justice de manière à s'attirer le respect dû à son caractère, qu'il doit rehausser de l'éclat de ses talens.

De Judiciis pœnalibus.

5. Ferè in omnibus pœnalibus judiciis et ætati et imprudentiæ succurritur. (5)

5. Lorsqu'il s'agit d'infliger une peine, on doit toujours avoir égard à l'âge et à l'imprudence de celui qui s'en est rendu coupable.

De Judice.

6. Tùnc demùm judex quis esse incipit.

6. Celui-là est alors juge qui dirige les débats d'une cause, ou qui est dans l'exercice de ses fonctions.

De Judice dicente.

7. Ex æquo et bono judex condemnat.

7. Le juge est présumé condamner de bonne foi et avec équité.

(1) ff. lib. 42, tit. 1, l. 37.
(2) ff. lib. 48, tit. 19, l. 38, §. 10.
(3) ff. lib. 50, tit. 17, l. 170, §. 10.

(4) ff. lib. 50, tit. 17, l. 170.
(5) ff. lib. 50, tit. 17, l. 108.

De Liberalibus judiciis.

9. Liberalia quoque judicia omni tempore finiuntur. (1)

9. Les jugemens qui ont pour objet la liberté, peuvent être expédiés en tout temps.

De Jurejurando.

10. Jusjurandum etiam loco solutionis cedit. (2)

10. Le serment tient aussi lieu du paiement.

De Jurejurando et de dolo.

11. Adversus exceptionem jurisjurandi replicato doli mali non debet dari : cùm *prætor* id agere debet, ne de jurejurando cujusquam quæratur. (3)

11. Lorsque le défendeur excepte d'un serment qu'il a prêté en justice, on ne peut plus argumenter contre ce serment, de la mauvaise foi de celui qui l'a prêté ; car le *préteur* doit veiller à ce qu'on n'élève plus de questions sur un serment une fois fait en justice.

De Jurisjurandi exceptione.

12. Jusjurandum vicem rei judicatæ obtinet : non immeritò : cùm ipse quis judicem adversarium suum de causâ suâ fecerit, deferendo ei jusjurandum. (4)

12. Le serment fait en justice est considéré, avec juste raison, comme ayant la force de la chose jugée, puisque la partie, en déférant le serment à son adversaire, le rend juge dans sa propre cause.

De Jure sanguinis.

13. Jura sanguinis nullo jure civili dirimi possunt. (5)

13. Aucune loi civile ne peut détruire ni les droits du sang ni ceux de la parenté.

De Jure comparato.

14. Jus ità comparatum est, ut unusquisque sibi acquirat.

14. Le droit est établi de manière à ce que chacun travaille pour soi.

De Jure contrario.

15. Quæ jure contrahuntur, contrario tantùm jure pereunt. (6)

15. Ce qui s'établit au moyen d'une loi, se détruit par une loi contraire.

De Jure mero.

16. Mero enim jure majestatis fiunt.

16. Les lois émanent de la puissance souveraine.

De Jure transmisso.

17. Nemo enim plus juris in alium transferre potest quàm ipse habet.

17. On ne peut transmettre à un autre plus de droits qu'on en a soi-même.

(1) ff. lib. 2, tit. 12, l. 3, §., 1.
(2) ff. lib. 12, tit. 2, l. 27.
(3) ff. lib. 44, tit. 1, l. 15.
(4) ff. lib. 44, tit. 5, l. 1.
(5) ff. lib. 50, tit. 17, l. 8.
(6) L. 35, 100, ff. de reg. jur.

De Jure suo.

18. Qui suo jure utitur, nemini facit injuriam; et quod lege permittente fit, pœnam non meretur.

18. Celui qui use de son droit ne fait du tort à personne, et celui qui ne fait que ce que la loi permet ne mérite pas d'être puni.

De Jure in re.

19. Nemo jus in re alienâ tribuere potest. (1)

19. Personne ne peut donner des droits sur une chose qui ne lui appartient pas.

De Jure vigilantis.

20. Jura vigilantibus, non dormientibus subveniunt.

20. Les droits établis par les lois sont pour ceux qui veillent et non pour les négligens.

De jurisdictione inter consentientes.

21. Si se subjiciant aliqui jurisdictioni, et consentiant, inter consentientes cujusvis judicis qui tribunali præest, vel aliam jurisdictionem habet, est jurisdictio. (2)

21. Si les parties se soumettent volontairement à un tribunal et consentent à y être jugées, quoiqu'elles soient devant des juges qui ne sont pas leurs juges naturels, ces derniers deviennent néanmoins compétens par le consentement qui fait accepter leur juridiction.

De juris regulis.

22. In omnibus causis pro facto accipitur id, in quo per alium moræ sit, quominùs fiat. (3)

22. En toute chose, on peut considérer comme accompli ce qui ne dépend pas de soi qui ne se fasse, et que l'obstacle vient d'ailleurs.

Jurisprudentiæ utilitas.

23. Jurisprudentia docet justum secernere ab injusto; justum præcipiens, injustum prohibens.

23. La jurisprudence, qui apprend à discerner le juste de l'injuste, défend l'un et recommande l'autre.

juris proximum.

24. Quod enim juri proximum est, id quoque jus dici potest. (4)

24. Ce qui se rapproche des règles du droit peut aussi être considéré comme ayant force de loi.

De justitiâ.

25. Justitia est constans et perpetua voluntas jus suum cuique tribuendi.

25. La justice est la volonté ferme et constante de rendre à chacun ce qui lui appartient.

---

(1) L. 6, C. de pig. act.
(2) ff. lib. 5, tit, 1, l. 1.
(3) ff. l. 39, de reg. jur.
(4) ff. l. 32 de legibus.

L

Ne quis jus dicat sibi, vel suis.

26. **Qui** jurisdictioni præest, neque sibi jus dicere debet, neque uxori, vel liberis suis, neque libertis, vel cœteris quos secum habet. (1)

26. **Celui** qui est établi juge ne doit siéger ni dans les causes qui lui sont personnelles, ni dans celles de ses enfans, de sa femme ou d'autres personnes avec lesquelles il vit familièrement.

Jus in quo consistit.

27. **Totum** autem jus consistit aut in acquirendo, aut in conservando : aut enim hoc agitur, quemadmodùm quid cujusque fiat, aut quemadmodùm quis rem vel jus suum conservet, aut amittat. (2)

27. **Tout** le droit consiste à acquérir, à conserver et à diminuer son bien, car il règle les manières d'acquérir, de conserver et d'aliéner.

L

De Legatis et fideicommissis de errore in nomine rei legatæ.

1. **Si** quis in fundi vocabulo erravit, et *Cornelianum* pro *semproniano* nominavit, debebitur *sempronianus*. Sed si in corpore errabit non debebitur. Quod si quis, cùm vellet vestem legare, *suppellectilem* adscripsit, dùm putat *suppellectilis* appellatione *vestem* contineri. (3)

1. **Si** le testateur se trompe sur le nom qu'il donne au fonds qu'il entend léguer, et qu'il le désigne par fonds *cornelien* au lieu de fonds *sempronien*, le legs sortira à effet; mais si l'erreur tombe sur le corps lui-même qui est légué, le legs sera nul. V. G.; si quelqu'un voulant léguer un *habit* lègue *sa garde-robe* dans l'idée où il est que l'expression *garde-robe* signifie *habit*, etc.

Definitio Legati.

2. **Legatum** est delibatio hæreditatis, qua testator ex eo, quod universum hæredis foret, alicui quid collatum velit. (4)

2. **Le** legs est une disposition réductive d'une succession, par lequel le testateur donne à quelqu'un une partie de ses biens, qui, sans cela, auraient appartenu en entier à l'héritier.

De Legato peculio.

3. **Quæ** accessionum locum obtinent, extinguuntur, cùm principales res peremptæ fuerint. (5)

3. **Les** choses, qui tiennent lieu d'accessoire, s'éteignent avec les principales.

(1) ff. lib. 2, tit. 1, l. 10.
(2) ff. lib. 8, tit. 4.
(3) ff. lib. 30, tit. 1, l. 4.

(4) ff. l.b. 30, tit. 1, l. 116.
(5) ff. lib. 33, tit. 8, l. 2.

Ubi Legatum præstendum.

4. Cùm in annos singulos quid legatum sit, neque adscriptum, quo loco detur : quocunque loco petetur, dari debet : sicuti ex stipulatu, aut nomine facto petatur. (1)

4. Lorsqu'un testateur laisse un legs payable chaque année, sans fixer le lieu du paiement, l'héritier doit le payer en quelqu'en droit qu'il soit demandé, ainsi qu'on l'observe pour les obligations et les billets où il n'est rien dit du lieu du paiement.

De Legatis.

5. Legatum est donatio, proinde utile esse debet legatario, aliàs nullum est, quia non apparet quid testator legare voluerit.

5. Le legs est une donation, il doit donc être avantageux au légataire ; il est nul (si le débiteur donne au créancier ce qu'il lui doit), parce qu'il ne paraît pas que le testateur ait voulu rien léguer.

Legata pro numero rerum

6. Legata pro numero rerum legatarum multiplicantur ; et quia utile per inutile non viciatur, uno extincto, alterum non extinguitur.

6. Le legs s'étend à toutes les choses qu'on a eues pour objet en léguant, de sorte que s'il arrive que quelques-unes viennent à périr, les autres ne sont pas moins dues au légataire, ce qui est utile ne se trouvant jamais vicié par ce qui est inutile.

De Legatis per vindicationem.

7. Omnia legata hodiè facta sunt vindicationis. (2)

7. Aujourd'hui la délivrance de tout legs doit être demandée par le légataire.

De Legatariis.

8. Satiùs est legatorios non lucrari, quàm testatorem insepultum remanere. (3)

8. Les frais de sépulture doivent être prélevés avant les legs.

De Legatario.

9. Res enim certa non facit hæredem sed legatarium. (4)

9. La disposition d'une chose particulière constitue le légataire et non l'héritier.

De re alteri legatâ testatore ignorante.

10. Si testator falsò crediderit rem quam legat esse suam, legatum non valet, quia non facile creditur testatorem voluisse hæredi suo imponere necessitatem redemptionis. (5)

10. Si le testateur lègue la chose d'autrui sans le savoir, croyant qu'elle est à lui, le legs sera nul, parce qu'on ne peut facilement se persuader qu'il ait voulu obliger l'hériter à l'acheter.

(1) ff. lib. 33, tit. 1, l. 1.
(2) § 1, C. Comm. de leg.
(3) L. 1 ff, h. t.

(4) L. 31, ff. de her. ius.
(5) L. 67, § 1, ff. de leg.

Scire Leges, quid sit ?

11. Scire leges non hoc est, verba eàrum tenere, sed vim ac potestatem. (1)

11. Ce n'est pas être instruit dans la connaissance des lois que de ne s'attacher qu'aux termes, il faut encore en approfondir l'esprit et l'étendue.

De duabus Legibus contrariis.

12. Contra legem facit, qui id facit, quod lex prohibet: in fraudem verò, qui, salvis verbis legis, sententiam ejus circumvenit. (2)

12. Celui-là contrevient à la loi, qui fait ce qu'elle défend, et agit en fraude de cette même loi, lorsqu'il attaque son esprit en respectant ses termes.

Qui Legibus soluti sunt.

13. Princeps legibus solutus est: augusta autem, licet legibus soluta non est, principes tamen eadem illi privilegia tribuunt, quæ ipsi habent. (3)

13. Le prince est affranchi du joug des lois, et quoique les princesses n'aient pas ce même droit, cependant les princes les font participer à tous les priviléges dont ils jouissent.

Ad Legem Juliam majestatis.

14. Nec qui lapide jactato incerto, fortuitò statuam attigerit, crimen majestatis commisit: et ita *Severus* et *Antoninus Julio Cassiano* rescripserunt. (4)

14. Celui qui, en jetant une pierre au hasard, aura touché par mégarde la statue de l'empereur, ne commet pas un crime de lèse majesté; ainsi l'ont répondu l'empereur *Sévère* et *Antonin* à *Lucius Cassius.*

De Lege abrogata tacitè.

15. Non est novum ut priores leges ad posteriores trahantur.

15. Il n'est pas nouveau que les lois premières soient remises en vigueur, lorsque les lois qui leur étaient contraires ont cessé d'être suivies.

De Lege permittente.

16. In ultimis voluntatibus et in tutellis, dispositio hominis tollit dispositionem legis, lege permittente.

16. Dans les testamens et les tutelles, la volonté de l'homme l'emporte sur celle du législateur; ainsi le veut la loi.

De Lege supremâ.

17. Salus populi suprema lex esto. (5)

17. Dans tous les états la première loi est le bonheur du peuple.

(1) ff. lib. 1, tit. 3, l. 17.
(2) ff. lib. 1, tit. 3, l. 29.
(3) ff. lib. 1, tit. 1, l. 31.
(4) ff. lib. 48, tit. 4, l. 5, § 1.
(5) L. 6, ff. de just. et jur.

46   L

De Legis significatione.

18. Lex à legendo dicitur , quod publicè legitur , ut omnibus nota sit , et ab omnibus observetur.

18. Le mot loi vient de lire, c'est-à-dire ce qui est lu publiquement , afin que la loi soit connue de tous, et que tous l'observent.

De Legis et consuetudinis auctoritate.

19. Non est tanta consuetudinis auctoritas , ut rationem vincat, aut legem. (1)

19. L'usage, pour si puissant que soit son empire, ne l'emporte jamais sur la raison et la loi.

De Lege cessante.

20. Ubi cessat ratio legis , cessare quoque debet ejus dispositio.

20. Quand la cause qui a donné lieu à la création d'une loi n'existe plus , cette loi ne doit plus recevoir d'application.

De Lege observanda in testamentis.

21. Nemo cavere potest , ne leges in suo testamento , loco habeant. (2)

21. Personne ne peut empêcher que les lois ne règlent ses dispositions de dernière volonté.

De Legibus erga principem.

22. Debet princeps tamen ex honestate legibus vivere. (3)

22. Le prince doit , par bienséance , se conformer aux lois.

Quod Lege conceditur.

23. Frustrà imploratur quod lege conceditur.

23. On n'a pas besoin de demander comme une grâce ce qui est accordé par la loi.

De Legislatore.

24. De his quæ semel aut bis accidunt non cavent legislatores.

24. Les législateurs ne s'occupent que des cas ordinaires.

De Legitimo numero cogendo.

25. Illa decreta , quæ non legitimo numero decurionum coacta facta sunt, non valent. (4)

25. Les décrets qui ne sont pas rendus par le nombre des docurions voulus par la loi , sont nuls.

De Legitimâ.

26. Legitima quoad substantiam natu-

26. La légitime , à proprement parler,

(1) L. 32 , ff. , de legibus.
(2) L. 55 , ff de leg.
(3) L. 3 , Cod. de test.
(4) ff. lib. 50 , tit. 9 , l. 2.

rale debitum est, sed quantùm ad quantitatem est juris civilis, et variè variis temporibus fuit definita. (1)

vient du droit naturel; mais pour ce qui conserne la quotité elle est du droit civil; elle a varié et a été définie selon la diversité des temps.

De Libelli formâ.

27. In hac actione actor omnia nosse debet, et dicere argumenta rei de quâ agitur. (2)

27. Pour obtenir la représentation d'une chose, il faut la faire connaître, et justifier de sa demande.

De Liberalitate.

28. Nemo debet esse liberalis ex alieno, quà propter nemo potest onerari ultra id quo honoratus est. (3)

28. On ne doit pas se montrer bienfaisant aux dépens d'autrui; c'est pourquoi on ne peut être tenu au-delà des biens qu'on a reçus à titre d'institution.

De Liberorum conditione.

29. Liberi patris non matris familiam sequuntur.

29. Les enfans suivent la condition de leur père et non pas celle de leur mère.

De Libertatis definitione.

30. Libertas est naturalis facultas ejus, quod cuique facere libet, nisi si quid vi aut jure prohibetur. (4)

30. La liberté est la faculté naturelle de faire ce qui plaît, si aucune loi ne le défend ou si aucun empêchement violant ne s'y oppose.

De Libertatis favore in dubia interpretatione.

31 Quotiens dubia interpretatio libertatis est, secundùm libertatem respondendum erit. (5)

31. Toutes les fois qu'il y a du doute entre la liberté et la servitude, il faut se prononcer en faveur de la liberté.

De Libertate.

32. Libertas inæstimabilis res est. (6)

32. La liberté est un bien inappréciable.

De Libertate naturali.

33. Propter naturalem hominum libertatem, quæ non patitur, eos præcisè ad faciendum compelli. (7)

33. La liberté naturelle dont l'homme jouit, ne veut pas qu'on puisse forcer un quelqu'un à faire ce qu'il ne veut pas faire.

De Libertatis favore.

34. Favore libertatis receptum est, ut

34. Par un bienfait de la loi une fois

---

(1) L. 7, ff. de bon. dam.
(2) ff. lib. 10, tit. 4, l. 3.
(3) L. 12, C. de test. mil.
(4) ff. lib. 1, tit. 5, l. 4.

(5) ff. lib. 50, tit. 17, l. 20.
(6) ff. lib. 50, tit. 17, l. 106.
(7) L. 70, ff. de Cond. et demons,

libertas, quæ semel competiit, non revocetur. (1)

donnée, la liberté ne peut plus être reprise.

De Libertate plena.

35. Sine civitate libertas plena et civilis non habetur.

35. La parfaite liberté ne doit pas s'entendre de la liberté naturelle ; mais de la liberté civile, inséparable du droit de citoyen.

De Lite contestata.

36. Lis tunc contestata videtur, cùm judex per [narrationem, nogotii causam audire cœpit. (2)

36. Les débats commencent, lorsque les conclusions prises par les parties ont mis le juge en même de connaître l'affaire.

Locuples.

37. Locuples est, qui satis idoneè habet, pro magnitudine rei, quam actor restituendam esse petit. (3)

37. On entend par solvable celui qui a suffisamment de quoi payer ce qu'on lui demande et qu'il doit.

Locupletiorem Fieri.

38. Ne aliàs contingeret contra naturalem æquitatem, unum cum alterius jacturâ et detrimento locupletiorem fieri. (4)

38. On ne doit pas, contre l'équité naturelle, s'enrichir aux dépens d'autrui ou à son préjudice.

De Lusu noxio.

39. Lusus quoque noxius in culpâ est. (5)

39. Un jeu dangereux est mis au nombre des fautes.

M

De Maleficiis.

1. Voluntas enim et præpositum maleficia distingunt.

1. C'est l'intention et non le fait qui constitue le délit.

De Malitiis hominum.

2. Malitiis hominum indulgendum non est.

2. On ne doit pas applaudir avec complaisance à ce que l'homme fait méchamment.

Malum impedire.

3. Satiùs est occurrere in tempore oppor-

3. On doit empêcher le mal quand on

(1) L. 4 et 9, ff. de manum vind.
(2) L. 1, C. de lit. Con.
(3) ff. lib. 50, tit. 16, L. 234, § 1.
(4) L. 74, ff. de reg. jur.
(5) ff. lib. 9, tit. 2, l. 10.

tuno, quàm post vulneratam causam re-
medium quærere. (1)

le peut et ne pas attendre qu'il soit arrivé
pour y apporter remède.

De Mandatu meo.

4. Qui mandatu meo post mortem meam stipulatus est, rectè solvitur; quia talis est lex obligationis. Ideòque etiam invito me rectè ei solvitur. Ei autem cui jussi debitorem meum post mortem meam solvere, non rectè solvitur; quia mandatum morte dissolvitur. (2)

4. Si quelqu'un, sur mon mandat, a stipulé pour un temps qui arrive après ma mort, on lui paie valablement, parce que telle est la loi de l'obligation. On lui paie valablement, même malgré moi. Mais lorsque j'ai ordonné que l'on payât à quelqu'un après ma mort, le paiement n'est pas valable, ma mort ayant annulé les pouvoirs donnés.

De Mandatore.

5. Mandator cœdis pro homicida habetur. (3)

5. Celui qui ordonne de tuer est lui-même homicide.

De Mandatario.

6. Quæ à mandatario dolum et culpam omnem præstare jubet, exipiens tantummodò casum fortuitum. (4)

6. Le mandataire doit répondre de toutes fautes et du dol; il n'est déchargé que des cas fortuits.

Per Majorem partem de eo quod fit.

7. Refertur ad universos, quod publicè fit per majorem partem. (5)

7. Ce qui a été arrêté par la majeure partie des intéressés est considéré comme ayant été déterminé à l'unanimité.

Maritus.

8. Marito quoque adulterum uxoris suæ occidere permittitur : sed non quemlibet, ut patri; nàm hac lege cavetur, ut liceat viro deprehensum domi suæ, non etiam soceri, in adulterio uxoris occidere eum qui *leno* fuerit. (6)

8. Il est permis au mari de tuer l'adultère de sa femme, mais non pas un adultère quelconque; le père a cette même faculté; par cette loi le mari qui surprend l'adultère dans sa maison peut le tuer, mais il n'a pas ce même droit dans la maison de son beau-père; il le peut dans la maison de l'entremetteur de prostitution.

De Matre-familias.

9. Neque enim natales matrem-familias faciunt, sed boni mores.

9. Ce n'est pas la naissance qui constitue la bonne mère, mais le bonnes mœurs.

De Matrimoniis contrahendis.

10. In contrahendis matrimoniis natu-

10. On doit, dans les mariages, faire en

---

(1) L. ult. Cod. in quib caus.
(2) ff. lib. 46, tit. 3, l. 108.
(3) ff. lib. 48, tit. 8, l. 15, § 1.

(4) L. 13, C. h. t.
(5) ff. lib. 50, tit. 17, l. 160, § 1.
(6) ff. lib. 48, tit. 5, l. 24.

rale jus, et pudor inspiciendus est; contra pudorem autem est, filiam suam uxorem ducere. (1)

Ad Matrimonium contrahendum incapacitas.

11. Si quidem vim genitalem nequerunt effundere, nulloque possunt remedio sanari.

De Mentis vel corporis sanitate.

12. In eo qui testatur, ejus temporis, quo testamentum facit, integritas mentis, non corporis sanitas exigenda est. (2)

De Mente alienato, seu de frequentiâ assiduâ.

13. Assiduâ enim frequentiâ quasi præbet nonnullam infamiam. (3)

De Meretrico.

14. Verum est, si meretricem alienam ancillam rapuit quis, vel celavit, furtum non esse; nec enim factum quæritur, vel causa faciendi. Causa autem faciendi libido fuit, non furtum. (4)

De Militibus.

15. De militibus ita servatur, ut ad eum remittantur, si quid deliquerint, sub quo militabunt. Is autem qui exercitum accipit, etiam jus animadvertendi in milites colligatos habet. (5)

De eo qui pro se milite gessit.

16. Qui se pro milite gessit, vel illicitis insignibus usus est, vel falso diplomate

---

sorte de ne blesser ni l'honnêteté publique, ni le droit des gens; c'est offenser la pudeur que d'épouser sa propre fille.

11. Comme il n'est aucun moyen dans l'art de guérir, qui puisse suppléer aux parties génitales dont on est privé, celui qui est dans cet état ne peut pas se marier.

12. Au moment où le testateur fait son testament, il doit être sain d'esprit; on n'exige pas de lui qu'il ait la santé du corps.

13. La fréquentation assidue emporte avec elle une espèce de déshonneur.

14. Il est vrai que si quelqu'un a enlevé ou celé une femme de débauche qui soit l'esclave d'autrui, ce n'est pas un vol; car on ne doit pas s'arrêter au fait, mais à la cause; or ici la cause du fait a été la passion du plaisir et non un vol.

15. Il est observé pour les militaires, que si quelqu'un d'entr'eux se rend l'auteur d'un délit, il est envoyé au capitaine sous lequel il fait son service, parce que ce dernier, qui commande l'armée, a le droit de faire punir tous les soldats qui sont sous ses drapeaux.

16. Celui qui se fait passer pour militaire, et porte à cet effet des décorations

---

(1) L. 14, §. 2 ff. de rit. nupt.
(2) ff. lib. 28, tit. 1, l. 2.
(3) ff. lib. 47, tit. 10, l. 15, § 22.

(4) ff. lib. 47, tit. 2, l. 40.
(5) ff. lib. 48, tit. 3, l. 9.

vias commeavit, pro admissi qualitate gravissimè puniendus est. (1)

qu'on ne lui a jamais données, ou qu s'est servi pour voyager de fausses permissions, doit, selon la nature du délit, être fortement puni.

De Minoribus.

17. Fragile est , et infirmum hujus ætatis consilium, multisque captionibus suppositum. (2)

17. L'intelligence du mineur est faible, et son âge, encore tendre, l'expose à la séduction.

In quo Minor restituendus.

18. Minor 25 annis, qui propter inconsultam ætatis facilitatem in aquierendâ hæreditate deceptus est, restitui potest.(3)

18. Le mineur âgé de moins de vingt-cinq ans, qui, àcause de l'inexpérience de son âge peut, en acceptant une succession, être trompé, a le droit de faire rescinder son acceptation.

Minor non juvari.

19. Sed si posteà solo fato damnosa evaserit hæreditas , minor juvari non poterat. (4)

19. Mais si par la suite l'acceptation lui devient onéreuse par la seule force des circontances, le mineur ne pourra se faire restituer.

De eo quod est plus vel Minus.

20. In eo quod plus sit, semper in est minus. (5)

20. Le moins est compris dans le plus.

De Monumento.

21. Monumentum est, quod memoriæ servandæ gratia existat. (6)

21. Un monument est un édifice élevé pour transmettre à la postérité la mémoire de l'homme décédé.

De Monumento in viâ publicâ.

22. Nemini licet in viâ publicâ monumentum extruere. (7)

22. Il n'est permis à personne d'élever un monument sur un chemin public.

De More diuturno.

23. Diuturni mores legem imitantur.

23. Les usages qui remontent à une époque reculée ont l'autorité de la loi.

Mulier.

24. Mulieris appellatione etiam virgo viripotens continetur. (8)

24. Sous la dénomination de femme sont comprises les jeunes filles en âge d'être mariées.

(1) ff.lib. 48 , tit. 10 , l. 27 , § 2.
(2) L. 1 , ff. de minu.
(3) L. 7 , §. 1 , ff. de min.
(4) L. 7 , eod.

(5) ff. lib. 50, tit. 17, l. 110.
(6) ff. lib. 11 , tit. 7 , l. 2 , §. 6.
(7) ff.lib. 43 , tit. 7, l. 2.
(8) ff. lib. 50 , tit. 16 , l. 13.

De Muneribus.

25. Nam valdè inhumanum est, à nemine accipere; sed passim, vilissimum est; et omnia avarissimum. (1)

25. Il y a de la dureté à refuser tous les présens ; c'est être vil que de les recevoir sans discernement, et d'une avarice sordide de n'en refuser aucun.

De Mutatione consilii.

26. Nemo potest mutare consilium suum in alterius injuriam. (2)

26. Personne ne peut changer d'avis au préjudice d'autrui.

De Mutuo.

27. In mutuo res transire dicitur, id est, dominium ejus transferri ad accipientem. (3)

27. Dans le commodat, la chose est censée changer de maître, c'est-à-dire que la propriété en est transportée à celui qui la reçoit.

De re Mutuo datâ.

28. Periculum rei mutuo datæ statim pertinet ad accipientem, quia res suo domino perit. (4)

28. La perte de la chose donnée tombe sur celui qui l'a reçue, parce que, dans ce cas, la chose périt pour son maître.

De Mutuo in alienâ.

29. Cùm enim nemo plus juris in alium transferre possit quàm habet, mutuum in re aliqua consistere non potest, si quidem in mutuo transfertur dominium. (5)

29. Personne ne pouvant transmettre plus de droits qu'on en a, on ne peut pas, par le commodat faire passer sur la tête d'un quelqu'un la chose d'un autre, puisque, dans le commodat, on transmet la propriété.

N

De Natorum appellatione.

1. *Natorum* appellatio et ad nepotes extenditur. (6)

1. Le terme *d'enfant* comprend jusqu'au petit-fils.

De Negante et affirmante.

2. Ei incumbit probatio, qui dicit; non qui negat. (7)

2. C'est à celui qui affirme, et non pas à celui qui nie, à faire la preuve.

(1) ff. lib. 1, tit. 16, l. 6, § 3.
(2) ff. lib. 50, tit. 17, l. 75.
(3) L. 2, § 2 et 3, ff. de reb. cred.
(4) L. 11, C. si cert. pet.

(5) L. 12, 13, 16 et 17, ff. de reb. cred.
(6) ff. lib. 50, tit. 16, l. 104.
(7) ff. lib. 22, tit. 3, l. 2.

De Negociis gestis.

3. Si negotia absentis et ignorantis geras ; et culpam et dolum prestare debes. (1)

3. Celui qui fait les affaires d'un absent, à son insu, doit répondre de sa mauvaise foi et de sa négligence.

De Negotiis hæreditariis.

4. Qui negotia hæreditaria gerit, quodammodo sibi hæreditatem, seque ei obligat. (2)

5. Celui qui fait les affaires d'une succession qui n'est pas encore acceptée, ou s'oblige envers cette succession, ou oblige cette succession envers lui.

De eo qui Negotia aliena gerenda mandavit.

5. Mandatu tuo negotia mea Lucius Titius gessit, quòd is non rectè gessit, tu mihi actione negotiorum gestorum teneris : non in hoc tantùm, ut actiones tuas præstes, sed etiam quòd imprudenter eum elegeris : ut quidquid detrimenti negligentia ejus fecit, tu mihi prestes. (3)

5. Vous avez confié à Lucius Titius le soin de mes affaires, s'il les a mal administrées, j'ai contre vous l'action de la gestion des affaires, vous ne serez pas déchargé envers moi, en me cédant l'action du mandat que vous avez contracté ; mais, comme de votre part, il y a eu imprudence de faire un pareil choix, vous devez m'indemniser du préjudice que sa négligence m'a fait éprouver.

De Negotiorum patronis et executoribus.

6. Mandatis cavetur, ut præsides attendant, ne patroni in causa cui patrocinium præstiterunt, testimonium dicant. Quod et in executoribus negotiorum observandum est. (4)

6. Les ordonnances recommandent aux présidens de surveiller que les avocats ne puissent être appelés comme témoins dans les affaires, que les parties en faveur desquelles ils pourraient déposer, les ont chargés de défendre. Il doit en être de même à l'égard de ceux qui font les affaires d'autrui.

De Nominis inscriptione.

7. Inscribi autem nomen operi publico alterius quàm principis, aut ejus cujus pecunia id opus factum sit, non licet. (5)

7. Il est défendu d'inscrire sur un ouvrage public d'autre nom que celui du prince, ou de celui aux dépens de qui l'ouvrage a été fait.

De Nomen.

8. Nominis appellatione rem significari Proculus ait. (6)

8. Proculus dit que le terme d'obligation signifie la chose due.

(1) ff. lib. 3, tit. 5, l. 11.
(2) ff. lib. 3, tit. 5, l. 21, § 1.
(3) ff. lib. 3, tit. 5, l. 21, § 3.

(4) ff. l b. 22, tit 5, l. 25.
(5) ff. lib. 50, tit. 10, l. 3, § 2.
(6) ff. lib. 50, tit. 16, l. 4.

De Novatione involontariâ.

9. Scilicet novatio illa novæ actionis, aut juris novi cumulatio potiùs est, quàm prioris extinctio.

9. La novation involontaire, effectuée en vertu d'un jugement, est plutôt l'acquisition d'un nouveau droit, que l'extinction de la première dette.

De Novatione, seu de translatione et confusione.

10. Novatio est veteris obligationis in novam translatio et confusio.

10. La novation est la conversion, la substitution d'une ancienne obligation en une nouvelle.

De Novatione perfectâ.

11. Nisi ipsi specialiter remisserint priorem obligationem et expresserint, quòd secundam magis pro anterioribus elegerint. (1)

11. Il faut expressément renoncer à la première obligation, et déclarer formellement que l'on préfère la seconde à la prmière.

Definitio atque etimologia novationis.

12. Novatio est prioris debiti in aliam obligationem vel civilem, vel naturalem transfusio atque translatio · hoc est, cum ex præcedenti causa ita nova constituatur, ut prior perimatur. Novatio enim à novo nomen accepit, et à nova obligatione. (2)

12. La novation est la dette que l'on change et convertit en une autre obligation, qui est ou civile, ou naturelle; c'est-à-dire, lorsqu'on substitue une cause précédente à une nouvelle, de telle manière que la première soit anéantie; car la novation dérive de nouveau et de nouvelle obligation.

De Novo opere.

13. Hoc autem ramedium operis novi nunciationis adversus futura opera introductum, non est adversus præterita.

13. La dénonce de nouvel œuvre a lieu contre les ouvrages qui doivent être exécutés, et non pas contre ceux qui l'ont déjà été.

De Noxa.

14. Injuriarum actio hæredi non competit. (3)

14. L'action d'injures n'est pas accordée à l'héritier.

De Nuda traditione.

15. Nùmquam nuda traditio transfert dominium : sed ita, si venditio aut aliqua justa causa præcesserit, propter quam traditio sequeretur. (4)

15. La simple délivrance d'une chose n'en transmet pas la propriété; cet effet n'a lieu que lorsque la tradition est précédée d'une vente, ou d'une autre cause légitime qui a donné lieu à la tradition.

---

(1) L. ult. cod. de novat. 8 ,4 1.
(2) ff. lib. 46, tit. 2, l. 1.

(3) ff. lib. 47, tit. 1, l. 1, § 1.
(4) ff. lib. 41, tit. 1, l. 31.

De Nullitate.

16. Quod nullum est, nullum producit effectum.

16. Ce qui est nul ne produit aucun effet.

De Nuptiarum ligamento.

17. Societas animorum et affectio maritalis sunt ligamenta nuptiarum. (1)

17. Les mariages consistent encore dans la bonne intelligence et l'affection réciproque des deux époux.

De viro et uxore per nuptias.

18. Vir et uxor facti sunt una caro.

18. Sont confondus dans un même foyer d'affections les époux qui sont dans les liens du mariage.

De Nuptiis, seu de consensu.

19. Nuptias non concubitus, sed consensus facit. (2)

19. Ce n'est pas la cohabitation qui fait les mariages, mais le consentement des parties.

De Nuptiis illegitimis.

20. Ubi nuptiæ non sunt; pater est incertus, mater verò semper est certa. (3)

20. Là où il n'y a pas de mariage légitime le père est incertain; mais la mère est toujours certaine.

De justis Nuptiis.

21. Is pater est quem justæ nuptiæ demonstrant. (4)

21. Les enfans ont toujours pour père l'époux de leur mère.

De Nuptiis.

22. In nuptiis naturalis pudor inspicitur. (5)

22. On doit, dans les mariages, observer une pudeur naturelle.

De Nuptiis quoad rem.

23. Nuptiæ jus in re tribuunt; nemo enim rei alienæ legem dicere potest.

23. Les noces donnent un droit à la chose, car personne ne peut imposer de règles à ce qui appartient à autrui.

De Nuptiis secundis.

24, Mox tamen, ut meter secundas contraxerit nuptias, repentè repelli à tutela.

24. La mère, qui passe à de secondes noces, doit de suite être dépouillée de la tutelle.

(1) L. 32, § 13, ff. de donnat. int. vir.
(2) ff. lib. 50, tit. 17, l. 30.
(3) ff. l. 4, in fin. eom.

(4) l. 5, ff. de injus vocand.
(5) L. 42, ff. de rit. nup.

De naturali Obligatione.

1. Naturales obligationes non eo solo æstimantur, si actio aliqua earum nomine competit; verùm etiam eo, si soluta pecunia repeti non possit. (1)

Quibus modis Obligamur.

2. Obligamur aut re, aut verbis, aut simul utroque, aut censensu, aut lege, aut jure honorario, aut necessitate, aut ex peccato : 1o re obligamur, cùm res ipsa intercedit; 2o verbis cùm præcedit interrogatio, et sequitur congruens responsio; 3o re et verbis pariter obligamur, cùm et res interrogationi intercedit; 4o consentientes in aliquam rem, ex consensu obligari necessariò ex voluntate nostra videmur; 5o lege obligamur, cùm obtemperantes legibus aliquid secundùm præceptum legis, aut contra facimus; 6o jure honorario obligamur ex his quæ edicto perpetuo, vel magistratu fieri præcipiuntur, vel fieri prohibentur. 7o Necessitate obligantur, quibus non licet aliud facere, quàm quod præceptum est. Quod evenit in necessario hærede; 8o ex peccato obligamur, cùm in factó quæstionis summa constitit; 9o etiam nudus consensus sufficit obligationi, quamvis verbis hoc exprimi possit; 10o sed et nutu solo pleraque consistunt. (2)

De Obligationis in pactis.

3. In pactis versatur factum, obligatio verò juris est. (3)

1. Les obligations naturelles ont deux caractères bien marqués, qui les distinguent et les font connaître; l'un, qu'elles ne produisent pas d'action, l'autre, que ce qu'on a payé en vertu de ces obligations ne peut être redemandé, comme indûment payé.

2. Nous sommes obligés, ou par la chose, ou par les paroles, ou par tous les deux en même temps, ou par le consentement, ou par la loi, ou par le droit prétorien, ou par la nécessité, ou par un délit; 1o nous sommes obligés par la chose, lorsqu'une chose nous a été remise; 2o par les paroles, lorsque vous avez fait une réponse analogue à ce qui vous était demandé; 3o par la chose et les paroles en même temps, lorsque la remise de la chose a lieu avec le concours d'une solennité de paroles; 4o notre consentement nous oblige à exécuter ce que nous avons promis volontairement; 5o nous sommes obligés par la loi, quand nous faisons ce qu'elle commande ou que nous y contrevenons; 6o par le droit prétorien, quand quelque chose nous est ordonné ou défendu par l'édit perpétuel, ou par le magistrat; 7o par nécessité, quand on ne peut faire autre chose que ce qui est prescrit, comme dans le cas d'un héritier nécessaire; 8o on est obligé par son délit, dans les questions qui consistent en fait; 9o le simple consentement suffit également pour former une obligation, quoique ce consentement pût être exprimé en paroles solennelles; 10o il y a même un grand nombre d'obligations qui se contractent au moyen d'indices qui font présumer la volonté.

3. Dans les pactes, tout consiste en fait, et dans les obligations, tout est en droit.

(1) ff. lib. 44, tit. 7, l. 10.
(2) ff. lib. 44, tit. 7, l. 52.

(3) L. 27, § 2, ff. de pact. et oblig.

De Obligatione alternativâ.

4. In alternativis sufficit alterum adimpleri.

4. Dans le cas d'obligations alternatives, il suffit d'en remplir une.

De Obligatione naturali.

5. Solo consensu consistit naturalis obligatio.

5. L'obligation naturelle se forme par le seul consentement.

De Obligatione naturali cum justâ causâ.

6. Naturalis autem obligatio justa causa est retinendi quod accepimus, nisi forté in pupillo, contrà quem obligatio naturalis nullos habet juris effectus. (1)

6. L'obligation naturelle veut que nous retenions ce que nous avons reçu pour juste cause, à moins que la chose ne nous vienne d'un pupille, contre lequel l'obligation naturelle ne produit aucun droit.

De Obligationibus inæqualibus.

7. Inæqualitas enim quantitatum facit inæquales, ac proinde dispares obligationes, cùm tot sint diversæ stipulationes, quot res diversæ. (2)

7. L'inégalité dans les quantités produit l'inégalité et la différence dans les obligations; car il y a autant de stipulations que de choses différentes.

De Obligatione solutâ.

8. Cùm tantum debeatur res una, hujus solutione tollitur obligatio. (3)

8. Lorsqu'on ne doit qu'une chose et qu'elle est payée, il n'y a plus d'obligation.

De Obligatione in minorem quantitatem.

9. In minorem quidem quantitatem non contrahitur obligatio.

9. On ne s'oblige pas lorsqu'on promet une plus petite quantité que celle qui est demandée.

De Obligatione inutili.

10. obligatio conferri non potest in arbitrium debitoris. (4)

10. Une obligation quelconque ne peut être valable, si elle est laissée à l'arbitrage de celui qui s'oblige.

De Obligatione principali peremptâ.

11. Peremptâ principali obligatione accessoria quoque evanescit. (5)

11. L'obligation principale éteinte, l'obligation accessoire n'existe plus.

De Obligatione ex voluntate promittentis.

12. Nulla promitio potest consistere, quæ ex voluntate promittentis statum capit. (6)

12. La promesse, dont l'exécution dépend de la volonté du promettant, est sans valeur.

---

(1) L. 59, ff. de oblig.
(2) L. 29, ff. eod.
(5) L. 2, ff. h. t,

(4) L. 13, c. h. t.
(5) L. 43, ff. de soluti.
(6) ff. lib. 45, tit. 1, l. 108, § 1.

Quibus modis tollitur Obligatio.

13. Nihil tam naturale est, quàm eo genere quidque dissolvere, quo colligatum est. Ideò verborum obligatio verbis tollitur : nudi consensûs obligatio, contrario consensu dissolvitur. (1)

13. Rien n'est plus naturel que de rompre ses engagemens en suivant les mêmes moyens qu'on a employés pour les contracter ; ainsi si ce sont des obligations verbales, on doit les détruire verbalement, si ce sont des obligations formées au moyen d'un consentement, on doit les dissoudre par un consentement contraire.

De Obscuris.

14. Semper in obscuris, quod minimum est, sequimur. (2)

14. Dans les choses qui présentent de l'obscurité, il faut toujours prendre le parti le plus doux.

De eo qui occidit vel causam præbuit.

15. Nihil interest, occidat quis, an causam mortis præbeat. (3)

15. Il est égal de tuer un homme ou d'être la cause de sa mort.

De Occupatione ferarum.

16. Quod enim antè nullius est, id naturali ratione occupanti conceditur.

16. La raison naturelle veut que ce qui n'appartient à personne soit à celui qui le premier s'en empare.

De Officiis.

17. Officium suum nemini damnosum esse debet. (4)

17. Il ne faut pas que les bons services qu'une personne rend, puissent tourner à son désavantage.

De Officio amici.

18. Non debet quiquam amici officium exhiberi ultrà quàm velit. (5)

18. On ne peut pas obliger un ami, au-delà de ce qu'il a pu vouloir.

De Onere lucri annexo.

19. Neque ferendus est is, qui lucrum quidem amplectitur, onus ei annexum contemnit. (6)

19. On ne doit pas écouter celui qui, s'attachant au gain, repousse les charges qui en sont inséparables.

De Operibus non prestitis.

20. Advocati quoque, si per eos non steterit, quominùs causam agant, honoraria reddere non debent. (7)

20. Les avocats ne sont pas tenus à rendre les honoraires qu'ils ont reçu, s'il n'a pas dépendu d'eux de plaider la cause.

Quid sit opus novum facere.

21. Opus novum facere videtur, qui aut

21. On fait un nouvel œuvre, une nou-

---

(1) ff. lib. 50, tit. 17, l. 35.
(2) ff. lib. 50, tit. 17, l. 9.
(3) ff. lib. 48, tit. 8, l. 15.
(4) L. 13, c. mandati.

(5) L. 1, § 4, l. 1, ff. de man.
(6) L. 1, § 3, c.
(7) ff. lib. 19, tit. 2, l. 38.

ædificando, aut detrahendo aliquid, pristinam faciem operis mutat. (1)

An liceat novum opus facere.

22. Opus novum privato etiam sine principis auctoritate facere licet, præterquàm si ad æmulationem alterius civitatis pertineat, vel materiam seditionis præbeat, vel circum, theatrum, vel amphitheatrum sit. (2)

De Opere novo.

23. Publico verò sumptu opus novum sine principis autoritate fieri non licere, constitutionibus declaratur. (3)

De Opere facto in loco publico.

24. Si in publico opus factum est, cui aqua pluvia noceret agi non potest, interveniente loco publico agi poterit.

De Opinione.

25. (En parlant du cas où l'erreur anéantit un acte, et empêche que celui qui en est l'auteur ait pu faire ce qu'il a fait.) Placet que plus valere quod est in opinione, quàm quod in veritate. (4)

De Optione.

26. Publico judicio præjudicium fit, ubi privato actum est.

De Oratione embiguâ.

27. Quotiens in stipulationibus ambigua oratio est, commodissimum est id accipi, quo reâ dequa, agitur, in tuto sit. (5)

De indignis aliquo Ordine.

28. Qui indignus est inferiore ordine indignior est superiore. (6)

---

velle entreprise, quand on change la forme ancienne d'un ouvrage, soit qu'on ajoute ou qu'on retranche.

22. Il est permis à un particulier de faire un nouvel œuvre, même sans l'autorité du prince, à moins que le nouvel œuvre, étant pour exciter l'émulation d'une autre ville, ne devienne un objet de sédition, que ce soit un cirque, un théâtre, un amphithéâtre.

23. Les ordonnances portent qu'on ne peut, sans une permission du prince, faire de nouvel œuvre sur un terrain public.

24. Si un ouvrage a été pratiqué dans un lieu public, et que les eaux de la pluie viennent à le dégrader, on n'a point d'action; mais on peut poursuivre un propriétaire qui a exécuté des constructions nuisibles sur un fond, quoique séparé de nos propriétés par un lieu public.

25. L'opinion l'emporte sur la vérité (toutes les fois que l'erreur anéantit l'acte, et empêche que celui qui en est l'auteur ait pu faire ce qu'il a fait)

26. Lorsqu'on a pris la voie civile, on ne peut plus agir par la voie criminelle.

27. Toutes les fois qu'il y a de l'obscurité dans les termes dont on s'est servi pour stipuler, il faut les entendre de manière que le contrat ait son effet.

28. Celui qui s'éclipse au second rang, ne peut être capable de soutenir un rang plus élevé.

---

(1) ff. lib. 39, tit. 1, l. 1, § 11.
(2) ff. lib. 50, tit. 10, l. 3.
(3) ff. lib. 50, tit. 10, l. 3, § 1.

(4) L. 15, 16, 17, ff. de acqui. vel ami. hær.
(5) ff. lib. 45, tit. 1, l. 80.
(6) ff. lib. 1, tit. 9, l. 4.

De Ordine municipali.

29. Lege autem municipali cavetur, ut ordo non aliter habeatur, quàm duabus partibus adhibitis.

29. La loi municipale porte que l'ordre des decurions ne peut délibérer, que quand moitié de ses membres se trouvent réunis.

P

De Pactis.

1. Licet sui juris persecutionem, aut spem futuræ perceptionis deteriorem constituere. (1)

1. Il est permis à chacun de renoncer, par des conventions particulières, à un droit acquis, ou à l'espérance d'un gain qui doit lui arriver.

De Pactis nudis.

2. Traditionibus et usucapionibus dominia rerum, non nudis pactis transferuntur. (2)

2. C'est par la tradition et la vente que se transmet le domaine d'une chose, et non par une simple promesse.

De Pactis seu de acceptilatione.

3. Acceptilatio pariter juris est ac stipulatio. (3)

3. L'acceptilation est un moyen établi par le droit pour éteindre l'obligation qui provient d'une stipulation.

De Pacto contra jus.

4. Generaliter, quotiens pactum à jure communi remotum est, servari hoc non aportet. (4)

4. Une convention contraire au droit commun, en général, n'oblige point.

De Pacto magistri societatis.

5. Item magistri societatum pactum et prodesse et obesse constat. (5)

5. Les pouvoirs donnés à un préposé pour faire toutes les affaires de la société, obligent pour et contre cette même société.

De Pacto tutoris.

6. Tutoris quoque, ut scribit Julianus, pactum pupillo prodest. (6)

6. Le traité arrêté par le tuteur doit être exécuté par le pupille, dit Julien, si ce traité lui est favorable.

De quibus Pacisci non licet, et ad quos Pactum pertineat

7. Pacta, quæ turpem causam continent, non sunt observanda; veluti si paciscar, *ne furti agam, vel injuriarum si feceris:* expedit enim timere furti, vel

7. Les conventions qui ont une cause honteuse ne doivent pas être exécutées; si je conviens, V. G., *de ne pas intenter contre vous une action pour vol ou*

(1) ff. lib. 2, tit. 14, l. 40.
(2) L. tradi. cod. de pactis.
(3) L. 31, ff. de reg. jur. et l. 6, ff. de accept.

(4) ff. lib. 2, tit. 14, l. 7, § 16.
(5) ff. lib. 2, tit. 14, l. 14.
(6) ff. lib. 2, tit. 14, l. 15.

injuriarum pœnam.Sed post admissa hæc, pacisci possumus. Item, *ne experias interdicto unde vi*, quatenus publicam causam contingit,pacisci non'possumus. Et in summa si pactum conventum à re privata remotum sit,non est servendum.Ante omnia enim amadvertendum est, ne conventio in alia re facta, aut cum alia re, aliave persona noceat. (1)

injure, dans le cas où vous vous en rendrez coupable ; car il est utile qu'on craigne la peine attachée au vol, aux injures; mais on peut transiger sur les dommages résultant du crime. Et de même on ne peut point s'obliger par convention à renoncer à l'action que donne le prêteur contre ceux qui commettent quelque violence, autant que cette action touche l'intérêt public. En général, si la convention s'étend au-delà de l'intérêt privé, elle ne doit pas être observée; il faut considérer avant tout qu'une convention faite dans une certaine affaire, et entre de certaines personnes, ne doit point nuire dans une autre affaire et vis-à-vis d'autres personnes.

De Pactione obscurâ vel ambiguâ.

8. Veteribus placet, pactionem obscuram, vel ambiguam, venditori et qui locavit nocere; in quorum fuit potestate legem apertiùs conscribere. (2)

8. Nos anciens ont décidé que l'obscurité et l'ambiguité dans les conventions devaient s'interpréter contre le vendeur ou le bailleur à loyer, parce qu'il dépendait d'eux de s'exprimer plus clairement.

Paries.

9. Paries est, sive murus, sive maceria est. (3)

9. Un mur, est une clôture ou tout autre soutenement construit avec du mortier ou sans mortier.

De Partu abacto.

10. Si mulierem visceribus suis vim intullisse, quò partum abigeret, constituerit : eam in exilium præses provinciæ exiget. (4)

10. S'il est prouvé qu'une femme, pour se procurer l'avortement, a fait violence à ses entrailles, le gouverneur de la province la condamnera au bannissement.

De Patria potestate.

11. Patria potestas non in uctoritate, sed in pietate consistere debet. (5)

11. La puissance paternelle ne doit pas s'exercer avec cruauté, mais avec tendresse.

De Patriæ potestatis auctoritate.

12. In familià unus tantum est princeps, nempe ipse pater-familias. (6)

12. Dans les familles, le père seul doit être le chef.

De in Patriam potestatem nemo invitus.

13. Nemo invitus in patriam potestatem redigitur.

13. On ne peut, sans son consentement, être mis sous la puissance d'un autre.

(1) ff. lib. 2, tit. 14, l. 27, § 4.
(2) ff. lib. 2, tit. 14, l. 39.
(3) ff. lib. 50, tit. 16, l. 157.
(4) ff. lib. 48, tit. 8, l. 8.
(5) L. 5, ff. de l. pomp. de parici.
(6) L. 195, § 2, ff. de verb. sign.

62　　　　　　　P

De Pecuniâ civitatis.

14. Pecunia civitatis propriè publica non est. (1)

14. L'argent d'une ville n'est pas à proprement dit public.

De Pœnitentiâ peccati.

15. Ex tali peccato nemo sua pœnitentia fit innocens. (2)

15. Personne, par son repentir, ne peut être absous d'un vol ou délit.

De Persona interposita.

16. Sanè in plerisque ita observatur, ut omissa interpositi capientis persona spectetur. (3)

16. Il arrive souvent en droit, qu'on fait abstraction de la personne interposée, pour ne considérer que celle qui doit recevoir le legs.

De Personis conjunctis.

17. Inter personas conjunctas res non sunt amarè tractandæ.

17. Entre proches, on ne doit pas se montrer difficile jusqu'à la dûreté.

De Perceptione fructuum.

18. Interìm tantùm non verò incommutabiliter.

18. (Le possesseur de bonne foi fait les fruits siens par la perception), mais ne les acquiert pas toujours incommutablement.

Petendo minus.

19. Minùs petendo nulla fit injuria reo; ideòque nulla minùs petitionis pœna est.

19. Celui qui demande moins qu'il ne lui est dû, ne fait aucun tort au défendeur; aussi il ne peut être soumis à aucune peine.

De Placito divisionis.

20. Divisionis placitum, nisi traditione, vel stipulatione sumat effectum, ad actionem, ut nudum pactum, nulli prodesse poterit. (4)

20. Une convention de partage, non suivie de tradition ni de stipulation, ne produit pas d'action : cette convention n'a d'autre force que celle d'un pacte simple.

De Pluribus rebus pignoratis.

21. Qui pignori plures res accepit, non cogitur unam liberare, nisi accepto universo quantùm debetur. (5)

21. Le créancier qui a reçu plusieurs choses en gage, ne peut être forcé d'en décharger aucune de l'obligation qui l'aggrave, avant d'être entièrement payé.

De eo quod est plus vel minus.

22. Non debet, cui plùs licet, quod minùs est, non licere. (6)

22. Celui à qui il est permis de faire le plus, peut à plus forte raison faire le moins.

(1) L. 83, ff. de furt.
(2) L 67, ff. de condic. furt.
(3) ff. lib. 35, tit. 2, l. 57.

(4) ff, lib. 2, tit. 14, l. 45.
(5) ff. lib. 20, tit. 1, l. 19.
(6) ff. lib. 50, tit. 17, l. 21.

Pomum.

23. Qui fondum vendidit, pomum re-cepit : nuces, et ficos, et uvas duntaxat duracinas et purpureas recepta videri. (1)

23. Celui qui, en vendant un fonds, se ré-serve les fruits de l'année, est censé se ré-server les noix, les figues, les raisins dont l'écorce est dure et de couleur pourprée.

De Possessore et Petitore.

24. Cùm de lucro duorum quæratur, melior est causa possidentis. (2)

24. Lorsqu'il s'agit de décider entre deux parties, quelle est celle dont la condition est la plus avantageuse, il faut donner la préférence à la cause de celui qui possède.

Possessores post litem.

25. Post litem contestatam omnes pos-sessores sunt pares.

25. La contestation en cause constitue le possesseur de mauvaise foi, et interrompt par suite le gain des fruits.

In Possessione esse et Possidere.

26. Esse in possessione et possidere non sunt idem. (3)

26. Etre en possession et posséder ne sont pas une même chose (l'un est relatif au droit et l'autre au fait de la possession.)

De Possessione propriè dicta.

27. Possessio autem non animo tan-tum, sed etiam corpore acquiritur. (4)

27. La possession ne s'acquiert seule-ment pas par l'intention, mais par la dé-tention corporelle.

De Possessione bonæ fidei.

28. Si alii bonâ fide accipienti tradiderit ; poterit ei longa possessione res acquiri, quia neque furtivum, neque vi possessum acceperit.

28. Si le fonds est délivré à quelqu'un qui le reçoit de bonne foi, cet acquéreur pourra en devenir le propriétaire par une longue possession, parce que ce fonds ne se trouve pas dans le cas d'une chose volée, ni dans celui des choses occupées par violence.

De Possessionis causâ.

29. Nemo potest sibi mutare causam possessionis. (5)

29. On ne peut pas changer la cause de sa possession.

De Possessore in pari causâ.

30. In pari causa melior est conditio possidentis quàm petentis. (6)

30. Lorsque dans une cause les condi-tions sont pareilles, la cause de celui qui possède est toujours la meilleure.

De Possessore.

31. Possessor autem dominum ejus se esse dicat.

31. Le possesseur est toujours censé être le maître de la chose qu'il possède.

---

(1) ff. lib. 50, tit. 16, l. 205.
(2) ff. lib. 50, tit. 17, l. 126, § 2.
(3) L. 10, C. de acqui. et act. poss.

(4) L. 3, § 1, ff. de acqui vel. amit. pos.
(5) L. 11, ff. de divers. temp. præs.
(6) L. 9, § 4, ff. de public. in rem. act.

64   P

De Possessione improbâ.

32. Improba possessio firmum titulum possidenti præstare non potest. (1)

32. Une possession vicieuse ne peut point donner un titre valable au possesseur.

Posteriora prioribus.

33. Posteriora prioribus derogant.

33. Les postérieurs dérogent aux premiers ou sont préférés.

De eo qui est in Postestate alteriûs.

34. Qui est in potestate alteriûs non potest habere alium in sua potestate. (2)

34. Celui qui est sous la puissance d'autrui ne peut avoir personne sous son autorité.

De Priore.

35. Si quidem primus est ille, quem nemo præcedit.

35. Celui-là est le premier que personne n'a devancé.

De Privilegiis.

36. Nemo cogitur suo privilegio.

36. On ne peut pas être contraint de se servir de son privilége.

De Privilegiis sine detrimento.

37. Militum privilegia in aliorum injuriam porrigi non debent. (3)

37. Les priviléges accordés aux militaires ne doivent tourner au préjudice de personne.

De Privilegiis militum.

38. Milites pugnant pro patria, laribus et religione fortiter milites pugnant.

38. Les militaires combattent vaillamment pour la patrie, pour nos foyers et pour la religion.

De Probationibus recipiendis.

39. Veritas rerum erroribus gestarum non vitiatur. (4)

39. La vérité des faits ne peut être altérée par les précautions que l'on prend pour la déguiser.

De Probationibus.

40. In his quæ probatu dificilia, leviores probationes ut sunt conjecturæ et probationes admitti.(5)

40. Les choses qu'on ne peut prouver que difficilement, se prouvent à l'aide de probalités et de conjectures.

De his quæ Procurator cæsaris agit, gessitque.

41. Quæ acta, gestaque sunt à procuratore cæscris, sic ab eo comprabantur atque si à cæsare gesta sunt. (6)

41. Tout ce que le procureur de l'empereur fait, a autant de force que si l'empereur le faisait lui-même.

(1) C. L. 7, de acqui. omit. posses.
(2) L. 21, ff. ad leg. jul. de adult.
(3) L. 15, 28, 41, ff. h. r.
(4) ff. lib. 1, tit. 18, l. 6 § 1.
(5) Maccardus, chap. 1177, n° 28.
(6) ff. lib. 1, tit. 19, l. 1.

Procuratoribus definitio.

42. Procurator est, qui aliena negotia mandatu domini administrat. (1)

42. Le fondé de pouvoir est celui qui fait les affaires d'un autre qui l'en a chargé.

De Procuratoris auctoritate.

43. Ignorantis per domini conditio deterior per procuratorem fieri non debet. (2)

43. Le fondé de pouvoir ne peut rendre plus défavorable la condition de son commettant.

De Professoribus.

44. Præses provinciæ de mercedibus jus discere solet, sed præceptoribus tantùm studiorum liberalium. Liberalia autem studia accipimus quæ greci ἐλευθερια appellant : rhetores continebantur, gramaticæ, geometræ. (3)

44. Le président de la province prononce ordinairement sur les réclamations relatives aux salaires ; principalement sur ceux accordés aux précepteurs des arts libéraux. Nous entendons par arts libéraux, ceux que les Grecs appellent *eleuteria* ; les rhéteurs, les grammairiens et les géomètres y sont compris.

De Proxeneticis.

45. Proxenetica jure licito petuntur. (4)

45. Il est permis aux proxénètes de réclamer les salaires qui leur sont dus.

An Proxeneta qui faciendi nominis causa intervenit, teneatur.

46. Si proxeneta intervenerit faciendi nominis, ut multi solent : videamus, an possit quasi mandator teneri. Et non puto teneri : quia hic monstrat magis nomen quàm mandat, tàm et si laudet nomen. Idem dico, et si aliquid philantrophi nomine acceperit, nec ex locato conducto erit actio. Planè si dolo et calliditate creditorem circonvenerit, de dolo actione tenebitur. (5)

46. Si un proxénète a déterminé quelqu'un à faire un prêt d'argent à un autre, comme beaucoup ont coutume de le faire, examinons s'il peut être obligé comme mandataire, en cas que celui à qui il a fait faire le prêt soit insolvable. Je ne le pense pas, parce que, quoiqu'il ait beaucoup vanté celui pour qui il s'entremet, il fait voir qu'il agit plutôt en qualité de proxénète qu'en qualité de mandataire ; je dis même que, quand il aurait reçu quelque salaire pour faire cette affaire, on n'aurait contre lui ni l'action qui émane du loyer, ni celle du mandat. Néanmoins si dans cette occasion il a employé le dol et la fraude, et qu'il ait circonvenu le préteur, afin de lui faire consentir le prêt, il sera tenu de l'action du dol.

Præcarii definitio.

47. Præcarium est, quod precibus petenti utendum conceditur tandiù, quandiù is quis concessit, petitur. (6)

47. On appelle précaire, ce qui est accordé à la prière de quelqu'un, pour en jouir par lui autant de temps que celui qui l'a accordé le jugera convenable.

(1) ff., lib. 3, tit. 3, l. 1.
(2) ff. lib. 3, tit. 3, l. 49.
(3) ff. lib. 50, tit. 13, l. 1.

(4) ff. lib. 50, tit. 14, l. 1.
(5) ff. lib. 50, tit. 14, l. 2.
(6) ff. lib. 43, tit. 26, l. 1.

De Præcepto impossibili.

48. Paulus respondit, impossibile præceptum judicis nullius esse momenti: 1° idem respondit, ab ea sententia cui parere rerum natura non potuit, sine causa appellari. (1)

De Præscriptione contra non valentem.

49. Adversùs agere non valentem, non currit præscriptio. (2)

De Præscriptione, seu de titulo.

50. Hæc enim præscriptio neque bonam fidem, neque titulum desiderat.

De Præscriptione peremptoriâ.

51. Præscriptionem peremptoriam quam antè contestari sufficit, omissam priùsquam sententiam feratur, objicere quandòque licet.

De Præscriptione.

52. Usus servitutis per longum tempus, ex domini prædii servientis patientia, pro titulo et possessione habetur. (3)

De jure Publico.

53. Jus publicum privatorum pactis mutari non potest. (4)

De Pupilli jussu.

54. Si pupillus dominus jusserit, utique non tenetur, nisi tutore auctore jussit. (5)

De Pupillo.

55. Pupillus mutuam pecuniam accipiendo, ne quidem jure naturali obligatur. (6)

De Pupillo capace.

56. Pupillum, qui proximus pubertati

48. Paul a répondu qu'une ordonnance du juge, dont l'exécution était impossible, n'avait aucune autorité : 1° le même a répondu que, quand par sa nature une chose se refusait à recevoir jugement, il ne pouvait y avoir aucune cause d'appel.

49. La prescription ne peut pas courir contre celui qui n'a pas la capacitée pour agir.

50. La prescription de trente ans n'a besoin ni de titre, ni de bonne foi.

51. La prescription est un moyen péremptoire, qui peut s'opposer avant la contestation, et au moment de rendre le jugement, si elle a été omise; enfin, en tout état de cause.

52. L'usage constant d'une servitude pendant un long espace de temps, et le silence du propriétaire du fonds servant, fait considérer la possession comme équivalant à un juste titre.

53. On ne peut, par des conventions particulières, déroger au droit public.

54. Si un ordre a été donné par un maître encore pupille, cet ordre demeure sans effet, s'il n'est revêtu de l'autorité du tuteur.

55. Le pupille qui fait un emprunt, n'est pas même obligé naturellement.

56. Un pupille qui approche de la pu -

(1) ff. lib. 49, tit. 8, l. 3.
(2) L. 1, § ult. cod. de annali excepti
(3) L. 3, ff. de usurp.
(4) Lib. 2, tit. 14, l. 38.
(5) ff. lib. 15, tit. 4, l. 1, § 7.
(6) ff. lib. 44, tit. 7, l. 59.

it, capacem esse et furandi, et injuriæ faciendæ. (1)

De Pupillo incapace.

57. Pupilli enim nec velle, nec nolle quidquam intelliguntur nisi adposita tutoris auctoritate. (2)

De Pœnâ temerè litigantium.

58. Eum quem temerè adversarium suum in judicium vocasse constitit, viatica, litisque sumptus adversario suo red⁻ dere opportebit. (3)

De Pœna capitali.

59. Rei capitalis damnatum sic accipere debemus, ex quâ causâ damnato vel mors, vel etiam civitatis omissio, vel servitus contingit. (4)

De Pœna mitiore.

60. Miseratio ætatis ad mitiorem pœnam judicem solet impellere. (5)

De Pœnis moliendis.

61. Interpretatione legum pœnæ moliendæ sunt potiùs, quàm asperandæ. (6)

---

berté est capable de larcin et d'injures.

57. L'autorité du tuteur est indispensable au pupille pour tout contrat, soit qu'il veuille ou qu'il ne consente pas.

58. Celui qui aura traduit témérairement son adversaire en justice, et que la chose sera prouvée, sera condamné aux dépens, et à rembourser au défendeur les frais de voyage.

59. On entend par condamné pour cause capitale, le condamné pour une cause, d'où s'ensuit la mort, la dégradation civique, la servitude.

60. La faiblesse de l'âge fait que le juge applique des peines moins rigoureuses.

61. On doit plutôt restreindre qu'augmenter les peines, s'il faut interpréter les lois pour les infliger.

Q

De Quadrupede.

1. Quæ gregatim pascuntur sub hominis custodia.

De Quadrupede, quomodò noceat.

2. Iniquum esset nequitiam alterius nocere domino quadrupedis. (7)

De noxa Quadrupedis.

3. Noxæ autem dedere, est animal tradere vivum. (8)

---

1. Le troupeau à quatre pieds est celui qui paît réuni sous la garde du même maître.

2. Il serait injuste que la méchanceté d'un autre fût préjudiciable au maître de l'animal.

3. On peut se rédimer de la réparation des dommages, en abandonnant au demandeur l'animal qui l'a causé.

---

(1) ff. lib. 50, tit, 17, l. 111.
(2) L. 189, ff. de reg. jur.
(3) ff. lib. 5, tit. 1, l. 79.
(4) ff. lib. 48, tit. 19, l. 2.

(5) L. 37, ff. de minori.
(6) ff. lib. 48, tit. 19, l. 42.
(7) L. 1, § 4, 6 et 7, ff. t.
(8) L. 1, § 114, ff. h. t.

De Qualitate.

4. Qua'de re maximus apud grecos orator, *Demosthènes* sic ait : « Non enim » plaga representat contumeliam sed decoratio ; neque verberari , liberis est » malum : quamvis est malum, si in contumeliam. (1)

4. Le plus grand des orateurs grecs, *Démosthène*, en parlant d'offenses, s'exprimait ainsi : « Ce n'est pas la plaie qui » fait l'insulte, c'est l'intention de celui » qui fait l'outrage; frapper un homme » libre , n'est pas une chose odieuse, » quoique cela soit un mal, mais c'est de » le faire avec l'intention d'offenser. »

De Quantitate sumptûs funeris.

5. Sumptus funeris arbitrantur pro facultatibus, vel dignitate defuncti. (2)

5. Les frais funéraires doivent être faits en proportion de la fortune du défunt et de ses dignités.

Quibus datur actio, de eo cujus interest.

6. Cujus interfuit non subripi, is actionem furti habet. (3)

6. Celui-là a l'action du vol, qui a intérêt que la chose ne lui ait pas été volée.

Si quis aliquem testatori prohibuerit , vel coëgerit ; de pluribus hæredibus.

7. Si plures hæredes instituti sint, et omnes dolo fecerint, quominùs testamentum mutaretur ; dicendum est, actiones omnibus denegari, quia omnes dolo fecerunt. (4)

7. Si plusieurs héritiers institués ont empêché, par mauvaise foi, le testateur de changer ses dispositions de dernière volonté, il faut décider qu'ils sont tous privés de leurs droits à la succession, parce qu'ils sont tous complices de la fraude.

Si Quis.

8. Verbum hoc *si quis*, tàm masculos, quàm feminas complectitur. (5)

8. Ces termes *si quelqu'un*, se dit de la personne des deux sexes.

De Quæstione voluntatis.

9. Cùm in verbis nulla embiguitas est, non debet admitti voluntatis quæstio. (6)

9. Lorsque les termes employés par le testateur ne présentent rien d'équivoque, on ne doit pas chercher à interpréter sa volonté.

R

Quando Ratihabitionis satisdatio exigitur.

1. Ratihabitionis autem satisdatio ante litis contestationem à procuratore exigi-

1. La caution de ratification s'exige du fondé du pouvoir avant la contestation

(1) ff. lib. 48 , tit. 19, l. 16, § 6.
(2) ff. lib. 11 , tit. 7, l. 12, § 5.
(3) ff. lib. 47 , tit. 2 , l. 10.

(4) ff. lib. 29 , tit. 6 , l. 1, § 2.
(5) ff. lib. 50 , tit. 16, l. 1.
(6) ff. lib. 32 , tit. 1 , l. 25, § 1.

tur ; cœterùm, semel lite contestata non compelletur ad cautionem. (1)

en cause ; lorsque la cause est conclue on ne peut plus le forcer à la donner.

Quod contra rationem juris.

2. Quod verò contrà rationem juris receptum est, non est producendum ad consequentias. (2)

2. Les usages qui se sont établis contre la disposition des lois, ne doivent pas être tirés à conséquence.

De rebus nullius.

3. Sacræ res et religiosæ et sanctæ in nullius bonis sunt. (3)

3. Les choses saintes, sacrées et religieuses ne sont la propriété de personne.

De rebus creditis, de his quæ flumen abstulit.

4. Ea quæ vi fluminum importata sunt, condici possunt. (4)

4. Lorsque le débordement d'un fleuve transporte une chose sur le fonds d'autrui, on a une action personnelle pour en demander la restitution.

In quibus non sequimur regulam juris

6. In his quæ contra rationem juris constituta sunt, non possumus sequi regulam juris. (5)

6. On ne doit point suivre les règles du droit dans ce qui s'est introduit contre la décision des lois.

De regulâ.

7. Regula est, quæ rem, quæ est , breviter enarrat. Non ut ex regulâ jus sumatur, sed ex jure quod est, regula fiat. (6)

7. La règle est une maxime, qui expose en peu de mots la jurisprudence, qu'il faut suivre sur l'affaire qui est à décider.

De Relegatione.

8. Relegatio enim est exilium salvo jure civitatis.

8. La rélégation , quoique considérée comme un exil, ne fait pas perdre les droits de citoyen romain.

De Repetitione rei solutæ.

9. Naturalis autem obligatio rei solutæ repetitionem impedit. (7)

9. Lorsqu'on a payé en vertu d'une obligation naturelle, on ne peut pas répéter ce qui a été payé.

De Representatione.

10. Non datur representatio personæ viventis.

10. On ne représente pas une personne qui est en vie.

De Responsabilitate cauponis.

11. Caupo scilicet non tenetur de casi-

11. L'aubergiste n'est pas tenu de répon-

---

(1) ff. lib. 3 , tit. 3 , l. 40 , §. 3.
(2) ff. lib. 1 , tit. 3 . l 14.
(3) ff. lib. 1 , tit. 8 , l. 6 , §. 2.
(4) ff. lib. 12, tit. 1 , l. 4 , § 2.

(5) ff. lib. 1 , tit 3 , l. 15.
(6) ff. lib. 50, tit. 17 , l. 1.
(7) lib. 13 et 29 , ff. de condic. indeb.

bus fortuitis , sed tenetur viatorum mores cognoscere.

dre des cas fortuits , mais il doit connaître la condition des voyageurs qu'il reçoit.

De Rebus incorporalibus.

5. Ea res sunt, quæ in jure consistunt , et intellectu tantùm percipiuntur (1)

5. Les choses incorporelles réglées par les lois sont celles que notre intelligence seulement nous fait comprendre.

De Rei petitæ designatione.

12. Si in rem aliquis agat, debet designare rem : et utrùm totam, an partem et quotam petat ; appellatio enim rei non genus , sed speciem significat. Octavenus ita definit , quòd infectæ quidem materiæ pondus, signatæ verò numerum, factæ autem speciem dici oportet. (2)

12. Lorsqu'on introduit une action en revendication , on doit désigner la chose, dire si on la demande en tout ou en partie, et qu'elle partie on demande ; car revendiquer une chose, ce n'est pas en demander une de même nature, c'est demander spécialement une telle chose : Octevenus dit à ce sujet, que dans la revendication d'une matière non façonnée, on doit en exprimer le poids; dans celle d'une matière marquée, en dire le compte ; et dans celle d'une matière travaillée, en faire connaître la qualité.

Prima rerum divisio.

13. Res hæreditariæ antèquam aliquis hæres existat , nullius in bonis sunt. (3)

13. Les choses qui font partie des biens d'une succession n'appartiennent à personne, avant d'être acceptées par quelque cohéritier.

Res.

14. Rei appellatione et causæ et jura continentur. (4)

14. Sous la dénomination de choses sont comprises les choses corporelles et incorporelles.

De re suâ.

15. Expedit enim reipublicæ , ne sua re quis male utatur.

15. Il est de l'intérêt public que personne n'abuse de ce qui lui appartient.

De rei subtentiâ.

16. At certè res non potest esse sine suâ substentiâ.

16. Une chose peut n'être pas , et être en même temps.

De re nostrâ.

17. Res nostra nobis deberi non potest. (5)

17. La chose qui nous appartient ne peut pas nous appartenir à titre de dette.

De re mobili.

18. Res mobilis unâ horâ per centum manus transire potest.

18. Une chose maléable peut dans une heure passer dans cent mains.

---

(1) L. 1 , § 1 , ff. de re div.
(2) ff. lib. 6, tit. 1 , l. 6.
(3) ff. lib. 1 , tit. 8 , l. 1.

(4) ff. lib. 50 , tit. 16, l. 23.
(5) L. 34 de aur. et arg. legat.

Res nostra fieri ex novâ causâ.

19. Res nostra non potest ex novâ causâ nostra fieri.

19. La chose qui est à nous ne peut pas nous appartenir à de meilleurs titres.

De re mobili apud quem.

20. Apud quem est res mobilis, apud eum remaneat.

20. Que celui qui a le meuble, le garde.

De in integrum restitutionibus ; utilitas edicti.

21. Prœtor hominibus vel lapsis, vel circonscriptis subvenit ; sive metu , sive calliditate, sive ætate, sive absentia insiderunt in captionem (1 .

21. Le prêteur vient au secours de ceux qui se sont trompés , ou que la mauvaise foi et la crainte de ceux avec qui ils ont contracté , a fait tomber dans le piége tendu à leur ignorence et inexpérience.

De his quibus reverentia prestanda est.

22. Generaliter eas personas, quibus reverentia præstanda est , sine jussu prœtoris in jus vocare non possumus (2).

22. En général on ne peut assigner ceux à qui l'on doit du respect sans l'autorisation du prêteur.

Vel rivus interveniat.

23. Si rivus privatus intervenit, finium regondorum agi potest (3).

23. Si les terres ne sont séparées que par un ruisseau particulier, il peut y avoir lieu à l'action en bornage.

De Homine in rixâ percusso.

24. Si in rixâ percussus homo perierit, ictus uniuscujusque in hoc collectorum contemplari opportet (4).

24. Si dans une rixe un homme a été frappé de coups , et en est mort , il faut dans ces circonstances examiner les coups que chacun à reçus en particulier.

De Rutâ et Cæsâ.

25. In rutis cæsis ea sunt, quæ terra non tenentur quæque opere structili tectoriove non continentur (5).

25. Par la dénomination d'effets mobiliers , on entend tout ce qui ne fait pas partie des bâtiments, ou qui n'est pas attaché au fonds , [c'est-à-dire tout ce qui n'est ni fiché , ni cloué , ni pendant par racine.]

S

De Sacrilejii pœnâ.

1. Sacrilegi capite puniuntur (6).

1. Les profanateurs des choses sacrées sont punis de la peine capitale.

---

(1) ff. lib. 4 , tit. 1 , l. 1.
(2) ff. lib. 2 , tit. 4 , l. 13.
(3) ff. lib. 10 , tit. 1 , l. 6.

(4) ff. lib. 48 , tit. 8 , l. 17.
(5) ff. lib. 50 , tit. 16 , l. 241.
(6) ff. lib. 48 , tit 13 , l. 9.

De Salariis juris studiosorum.

2. Divus Antoninus pius rescripsit , juris studiosos, qui salaria petebant, hæc exigere posse. (1)

2. L'empereur Antonin a décidé, dans un rescrit, que les avocats avaient droit à des honoraires et pouvaient les exiger.

De Satisdatione.

3. Nemo litis alienæ defensor idoneus est sine satisdatione , etiamsi locuples sit. (2)

5. Il n'est pas permis à un étranger de défendre ou intenter une action sans fournir caution, lors même qu'il serait riche.

De eo qui satisdare promisit.

4. Planè si non idoneum fidejussorem dederit, magis est ut satisfactum sit ; quia qui admisit eum fidejubentem, idoneum esse comprobavit (3)

4. Si l'on a donné une caution insuffisante , mais acceptée , il est vrai de dire qu'on a réellement donné caution, puisque celui envers qui on était obligé , l'a acceptée comme suffisante.

Satisdatio.

5. Satisdationis appellatione interdum etiam repromissio continebitur ; qua contentus fuit is cui satisdatio debebatur. (4)

5. Par la dénomination de caution , on doit entendre aussi quelquefois la promesse de laquelle s'est contenté celui à qui la caution était due.

De Satisfactione.

6. Satisfactio pro solutione est. (5)

6. Satisfaire équivaut à payer.

De Scripturâ imperfectâ.

7. Cùm imperfecta scriptura invenitur, ita demùm verbum legati vel fideicommissi, quod præcedit vel sequitur, ad communionem adsumitur , si dicto scriptum congruat (6)

7. Lorsqu'une disposition, contenant un fidéicommis , présentera quelque chose d'obscur ou d'imparfait, on ne pourra suppléer à ce vice en joignant ce qui précède avec ce qui suit , qu'autant que le sens qui résultera de ce rapprochement paraîtra avoir quelque rapport avec la volonté du testateur.

De Sententiis diversis.

8. Inter pares numero judices si dissonæ sententiæ proferantur, in liberalibus quidem causis (secundùm quod à divo pio constitutum est) pro libertate statutum obtinuit, in aliis autem causis pro reo. (7)

8. Dans les causes, qui ont pour objet la liberté des citoyens, si les avis sont partagés dans un nombre égal de juges, on doit prononcer en faveur de la liberté (dit l'empereur Antonin) dans les autres matières il faut se décider en faveur du défendeur.

(1) ff. lib. 50, tit. 13 , l. 4.
(2) L. 110, § 1, ff. de reg. jur.
(3) ff. lib 46, tit. 1 , l. 3.
(4) ff, lib. 50, tit. 16, l. 61.

(5) ff. lib. 46, tit. 3 , l. 52.
(6) ff. lib. 31 , tit. 1 , l. 77 , p. 22.
(7) ff. lib. 42 §, tit. 1 , l. 38.

De Sententiâ, decreto, et officioso eorum qui potestatem habent.

9. Lege Juliâ repetundarum tenetur, qui cùm aliquam potestatem haberet, pecuniam ob judicandum decernendumve acceperit. (1)

9. La loi Julia sur les concussions punit celui qui, étant investi de fonctions publiques, a reçu de l'argent pour juger ou pour accorder quelque chose.

De Sepulcri appellatione.

10. Sepulcri autem appellatione, omnem sepulturæ locum contineri existimandum est. (2).

10. Par la dénomination de sépulcre on entend tout lieu où l'on a inhumé.

De Sermone embiguo, de eo qui aliud dicit quàm vult.

11. In embiguo sermone non utrumque dicimus, sed id duntaxat quod volumus. Itaquè qui aliud dixit quàm vult; neque id dicit quod vox significat, quia non vult; neque id quod vult, quia id non loquitur. (3)

11. Lorsqu'une clause présente deux sens, on ne doit pas lui donner celui qu'elle semble offrir d'abord, mais celui que le testateur a voulu lui donner. Voilà pourquoi, si le testateur s'exprime différemment qu'il ne pense, nous devons décider que les termes qu'il a employés ne doivent pas être pris dans leurs significations propres.

De Servitute ædibus communibus non imponendâ.

12. Unus ex dominis communium ædium servitutem imponere non potest. (4)

12. Le copropriétaire d'une maison non encore partagée ne peut seul la grever de quelque servitude.

De eo qui tollendo obscurat œdes vicini.

13. Qui tollendo obscurat vicini ædes quibus non serviat, nulla competit actio. (5)

13. On n'a point d'action contre celui qui, en exhaussant son bâtiment, obscurcit le jour de son voisin, s'il ne lui doit pas de servitude.

De Servitutibus prædiorum.

14. Omnes autem servitutes prædiorum perpetuas causas habere debent, et ideò neque ex lacu, neque ex stagno concedi aquæductus potest. Stellicidii quoque immittendi naturalis et perpetua causa esse debet. (6)

14. Pour qu'un droit puisse être considéré comme une servitude, il faut qu'il ait une cause perpétuelle; ce qui fait qu'on ne peut pas établir la servitude de faire conduire chez soi de l'eau d'un lac ou d'un étang: comme aussi on ne peut imposer au voisin la servitude de recevoir sur son fonds notre stellicide, parce qu'il faut à la servitude une cause permanente et naturelle.

(1) ff. lib. 48, tit. 11, l. 3.
(2) ff. lib. 47, tit. 12, l. 3, § 2.
(3) ff. lib. 34, tit. 5, l. 3.

(4) ff. lib. 8, tit. 1, l. 2.
(5) ff. lib. 8, tit. 2, l. 9.
(6) ff. lib. 8, tit. 2, l. 28.

74 S

De Servitute determinandâ.

15. Si iter actusve sine ullâ determinatione legatus est, modò determinabitur; et quà primùm iter determinatum est, ea servitus consistit; cæteræ partes agriliberæ sunt. Igitur arbiter dandus est, qui utroque casu viam determinare debet. (1)

15. Si l'on ne désigne pas sur quelle partie du champ sera pris le sentier ou le passage légué, la servitude doit être fixée, et ne sera due que par la partie du terrain sur laquelle elle a été assignée; les autres portions seront libres. Ainsi, dans ce cas, on doit prendre un arbitre pour déterminer l'endroit où la servitude devra être exercée.

Quid sit Servitute uti.

16. Servitute usus non videtur, nisi is qui suo jure uti se credidit. (2)

16. On n'est censé faire usage d'une servitude que lorsqu'on s'en sert comme d'un droit qui nous appartient.

De Servitute in re propriâ.

17. Nemini res sua servit. (3)

17. On ne peut posséder, à titre de servitude, ce qui nous appartient.

In quo consistit servitus.

18. Prædium enim alteri servire dicitur, cùm prædii dominantis utilitas augetur, cum prædiis servientis detrimento. (4)

18. Une propriété est assujettie à un droit de servitude envers une autre, lorsque le fonds dominant y gagne, et que le servant y perd.

De Servitute.

19. Loci corpus non est domini ipsius cui servitus debetur, sed jus eundi habet. (5)

19. La propriété du lieu n'appartient pas à celui à qui il est dû une servitude; il n'a que le droit de passer.

De Servis et liberis.

20. Facile non est liberum hominem à servo dignoscere. (6)

20. Il est difficile de discerner l'homme libre de l'esclave.

De Servo.

21. Persona domini personat servum.

21. Le maître fait qu'on a confiance aux ordres de son serviteur.

De Significatione verborum.

22. Non aliter à verborum significatione recedi oportet, quàm cùm manifestum est aliud sensisse testatorem.

22. On ne doit avoir recours à l'interprétation des paroles que lorsqu'il apparaît que le testateur a eu d'autres pensées que celles qui sont exprimées.

De Simulatione.

23. Presumitur simulatio ex qualitate

23. La simulation peut s'induire de la

(1) ff. lib. 8, tit. 3 , l , 13.
(2) ff. lib. 8, tit. 6 , l. 25.
(3) L. 26, ff. de servit. præd. urb

(4) L. ult. ff de servit.
(5) L. 5 , ff. de cont. empti.
(6) L. 4 ff. de servi.

terum, locorum, personarum, vicinitate actuum, contractuum multitudine.

qualité des choses, du lieu, des personnes, de la proximité des faits et de la multiplicité des actes.

De Societate omnium bonorum.

24. In societate omnium bonorum, omnes res quæ coëuntium sunt, continuò communicantur. (1)

24. Dans une société générale de tous les biens, est compris à l'instant même tout ce que les coassociés ont en propriété.

De quibus modis Societas solvitur.

25. Societas solvitur ex personis, ex rebus, ex voluntate, ex actione, ideòque sive homines, sive res, sive voluntas, sive actio interierit, distrahi videtur societas. (2)

25. La société finit ou par le décès des associés, ou par la perte de la chose qui en l'objet, ou lorsque la volonté des contractans cesse, ou que l'action solidaire ne peut plus avoir lieu.

De tempore Societatis.

26. Nulla societatis in æteruum coïtio est. (3)

26. On ne peut point contracter de société indissoluble.

De Societate.

27. Rei turpis aut flagitiosæ societas non est. (4)

27. On ne peut pas contracter une société pour commerce illicite et déshonnête.

De Societate solutâ.

28. Morte unius ex sociis solvitur societas, quia nemo incidit in socium, sed eum quisque sibi elegit. (5)

28. La société se dissout par la mort d'un des associés, parce que ce n'est pas le sort, mais notre propre choix, qui nous donne des associés.

De Soluto ob rem non defensam.

29. Qui ob rem non defensam solvit, quamvis posteà defendere paratus est, non repetet quod solverit. (6)

29. Celui qui aime mieux payer que de se présenter en justice pour repousser la demande qn'on lui fait, ne peut plus répéter ce qu'il a payé de cette manière, même en offrant de défendre.

De Solvente pro alio.

30. Solvere pro ignorante et invito cuique licet, cùm sit jure civili constitutum, licere etiam ignorantis, invitique meliorem conditionem facere. (7)

30. Un tiers peut payer pour un débiteur, à son insu et malgré lui, puisqu'il est reconnu, en droit, qu'on peut faire meilleure la condition d'un quelqu'un, quoiqu'il s'y oppose ou qu'il l'ignore.

Solvendo esse.

31. Solvendo esse nemo intelligitur, nisi qui solidum potest solvere. (8)

31. Celui-là ne peut être considéré comme solvable, qui n'a pas assez de fortune pour payer tout ce qu'il doit.

(1) ff. lib. 17. tit. 2. l. 1. § 1.
(2) ff. lib. 17, tit. 2, l. 63, § 10.
(3) ff. lib. 17, tit. 2, l. 70.
(4) L. 53, ff. pro. socio.

(5) L. 65, § 9 et 11, ff. pro. socio.
(6) ff. lib. 12, tit. 6, l. 35.
(7) ff. lib. 46, tit. 3, l. 53.
(8) ff. lib. 50, tit. 16, l. 114.

De eo qui jussu alterius solvit.

32. Quod jussu alterius solvitur, pro eo est quasi ipsi solutum esset. (1)

32. Celui qui, par l'ordre de son créancier, paie un tiers, est libéré comme s'il avait compté au créancier lui-même.

De Soluto siente.

33. Quod sciens indebitum solvit, censetur donasse; cujus enim per errorem dati repititio est, ejus consulto dati donatio est. (2)

33. Celui qui paie, lorsqu'il sait ne rien devoir, fait une donation; ce que l'on paie par erreur peut être répété, et ce que l'on paie sachant bien qu'il n'est pas dû, est une donation.

Solvere ex justâ causâ.

34. Hoc ipsum quod à lite discreditur, justa causa est solvendi. (3)

34. Ce que l'on paie pour prévenir un procès, est payé en vertu d'une juste cause.

De Sponsa intrà tempus luctus.

35. Mulier quæ virum eluget, intrà id tempus sponsam fuisse non nocet. (4)

35. Une femme peut être fiancée pendant qu'elle est en deuil de son mari.

Sponsalium definitio.

36. Sponsalia sunt mentio et repromitio nuptiarum futurarum. (5)

36. Les fiançailles sont les conditions et les promesses du mariage, qu'on se propose de célébrer.

Sponsio.

37. Sponsio appellatur, non solùm quæ per sponsus interrogationem, sed omnis stipulatio promissioque. (6)

37. On appelle promesse, non-seulement la réponse qui est donnée à l'interpellation faite, mais aussi toute stipulation et autre simple promesse.

De Statu hominum.

38. Imperator Titus Antoninus rescripsit, non lœdi statum liberorum ob tenorem instrumenti malè concepti. (7)

38. L'empereur Antonin a décidé, que l'état d'un enfant ne pouvait être altéré par le vice de l'acte, qui constate sa naissance.

De Stellionatûs crimine.

39. Crimen stellionatûs infamiam irrogat damnato, quamvis publicum non est judicium. (8)

39. En matière de stellionat, la condamnation porte infâmie, quoique ce crime se poursuive extraordinairement.

De Stipulatione turpi.

40. Si ob maleficium, ne fiat, promis-

40. Si on a promis quelque chose à quel-

---

(1) ff. lib. 5o, tit. 17, l. 180·
2) L. 1, 24 et 25, § 3, l. 62, ff. de cond. indeb.
(3) L. ult. cod. eod.
(4) ff. lib. 3, tit. 2, l. 10, § 1.

(5) ff. lib. 23, tit. 1, l. 1.
(6) ff. lib. 5o, tit. 16, l. 7.
(7) ff. lib. 1, tit. 5, l. 8.
(8) ff. lib. 3, tit. 2, l. 13, § 8.

sum sit , nulla est abligatio ex hâc conven-
tione. (2)

qu'un pour l'empêcher de commettre un
crime : cette convention n'oblige point.

De Stipulatu cum pupillo.

41. Cùmque, ex non obligato, faciat
obligatum. (2)

41. Quoique le pupille ne soit pas obligé,
il oblige.

De Stipulatione in extremis.

42. (Les stipulations conçues au temps
de la mort sont valables.) Momentum
mortis vitæ æquiparatur.(3)

42. Le moment de la mort équivaut ,
dans ce cas, au temps de la vie.

De Stipulatione conditionali.

43. Ex stipulatione conditionali, neque
statim dies cedat, neque statim dies veniat, sed tantùm post eventum conditionis.

43. Dans les stipulations faites sous
condition , ce n'est pas le jour qu'il faut
considérer, mais l'événement de la condition qui doit rendre la chose exigible.

De Substitutione vulgari.

44. In substitutione vulgari sola voluntas testatoris spectanda est, nec inquirendum quis prior decesserit, vel quis
priori loco fuerit in testamento scriptus.

44. Dans les substitutions vulgaires , ii
faut considérer la seule volonté du testateur, et ne pas s'arrêter aux circonstances,
si l'un est décédé le premier ou s'il a été
parlé plutôt de l'autre dans le testament.

De Successionis tempore.

45. Hæres quandòque adeundo hæreditatem, jam tunc à morte successisse de-
functo intelligitur. (4)

45. Pour l'ordinaire, l'héritier qui accepte la succession, est censé avoir succédé
au défunt depuis le jour même de son
décès.

In Successionibus.

46. In successionibus prima causa est
liberorum: iis enim ex voto naturæ parentum debetur hæreditas.

46. Dans les successions, on doit d'abord
considérer les enfans, à qui les biens des
parens doivent appartenir selon le vœu de
la nature.

De Superfluitate.

47. Quæ superflua sunt non nocent, et
utile per inutile non vitiatur. (5)

47. Ce qui surabonde ne nuit jamais,
l'utile ne pouvant être annulé par l'inutile.

Suppellectilis definitio.

48. Suppellex est domesticum patrisfa-
miliæ instrumentum, quodneque argento,
aurove facto, vel vesti adnumeretur. (6)

48. On entend par meuble meublant, ce
qui constitue l'ameublement d'un père de
famille, sans y comprendre les ouvrages
dont la matière est d'or, d'argent, ni la
garde robe.

---

(1) ff. lib. 2 , tit. 14, l. 7, § 3.
(2) L. 9 , § tutor ff. h. t.
(3) L. 45 , § 1 , ff. de ver. oblig.

(4) ff. lib. 29, tit. 2, l. 54.
(5) L. 34 , ff. h. t,
(6) ff. lib. 33 , tit. 10, l. 1.

De Supremo.

49. Supremus est quem nemo sequitur. (1)

49. Le dernier est celui après lequel ne vient plus personne.

De Suspecti accusatione.

50. Accusatio suspecti, reipsà, publica non est, sed quasi publica, quia omnibus patet. (2)

50. L'accusation portée contre l'homme suspect n'est pas véritablement publique, mais elle est comme publique, puisque tout le monde peut la porter.

De Sævitiâ præceptoris.

51. Præceptoris enim nimia sævitia culpæ adsignatur. (3)

51. La trop grande sévérité d'un maître est considérée, de sa part, comme une faute.

T

De Teli appellatione.

1. Telorum autem appellatione, omnia ex quibus singuli homines nocere possunt accipiuntur. (4)

1. On appelle armes tout ce qui sert à l'homme pour faire le mal.

De eo qui Telum g erit.

2. Qui telum tutandæ salutis suæ causâ gerunt, non videntur hominis occidendi causâ portare. (5)

2. Ceux qui portent des armes pour défendre leur vie ne sont pas réputés les avoir pour donner la mort à quelqu'un.

De Tempore in stipulationibus spectando.

3 In stipulationibus id tempus spectatur quo contrahimus. (6)

3. Pour décider de la validité d'une convention, il faut se rapporter au temps où elle a été contractée.

De his quæ in Testamento intelligi non possunt.

4. Quæ in testamento ita sunt scripta, ut intelligi non possint; perindè sunt ac si scripta non essent. (7)

4. Ce qui est écrit dans un testament de manière à ne pouvoir être compris doit être considéré comme non avenu.

Testamentis definitio.

5. Testamentum est voluntatis nostræ justa sententia de eo quod quis post mortem suam fieri velit. (8)

5. Le testament est l'expression juste et libre de notre volonté, par lequel nous prescrivons ce qui doit être fait après notre décès.

(1) L. 9 , ff. v. s.
(2) L 2, § 6 , ff. h. t.
(3) ff. lib. 9 , tit. 2 , l. 6.
(4) ff. lib. 48 , tit. 6 , l. 11, § 1.

(5) ff. lib. 48 , tit. 6 , l. 11 , § 2.
(6) ff. lib. 50 , tit. 17, l. 144 , § 1.
(7) ff. lib. 50 , tit. 17, l. 73 , § 3.
(8) ff. lib. 28, tit. 1 , l. 1.

De Testandi jure publico.	
6. Testamenti factio non privati, sed publici juris est. (1)	6. Le droit de faire testament, est de droit public, et non de droit privé.
Testamenta quemadmodùm apperiantur.	
7. (En parlant des témoins qu'on doit appeler à l'ouverture des testamens, afin qu'ils aient à reconnaître ou à nier leur signature.) Vel negare se signasse; publicè enim expedit suprema hominum judicia exitum habere. (2)	7. Ou à nier qu'ils aient cacheté le testament, car il est d'intérêt public que les dernières volontés du défunt aient leur effet.
De his, qui quid in Testamento adscriptum habent.	
8. Solent autem exhiberi tabulas desiderare omnes omninò, qui quid in testamento adscriptum habent. (3)	8. Ce sont ceux à qui il a été légué quelque chose par testament, qui sont dans l'usage d'en demander la représentation.
De Testamentis.	
9. In supremis enim dispositionibus, hæc regula dubio procul obtinet, ut embulatoria sit hominis voluntas usquè ad extremum vitæ spiritum.	9. Dans les dispositions de dernière volonté, le doute que l'on persévérera a fait établir la règle que la volonté de l'homme était flottante jusqu'à la mort.
De Testatoris suprema auctoritate.	
10. Qui testatur, legem dicit posteritati suæ.	10. Celui qui fait un testament crée une loi pour sa postérité.
De interpretatione Testamenti.	
11. Plùs ut valeant quàm ut pereant.	11. On doit interpréter la volonté du testateur de manière à ce qu'elle ait un effet, et non pas dans un sens qui rendrait la disposition nulle.
De Testatoris voluntate.	
12. Semper vestigia voluntatis sequimur testatorum. (4)	12. Il faut toujours suivre les indices de la volonté du testateur.
De Testamenti factione.	
13. Testamentum debet fieri uno eodemque tempore, vel uno eodem contextu.	13. Le testament doit être fait sans divertir à autres actes, c'est-à-dire dans un même moment, et sans interruption.
De Testamentis formâ.	
14. Nemo credendus est genus testamenti eligere ad impugnanda judicia sua. (5)	14. Personne n'est censé prendre pour tester une forme qui rendrait inefficace ce qu'on aurait voulu.

---

(1) ff. lib. 28, tit. 1, l. 3.
(2) ff. lib. 29, tit. 3, l. 5.
(3) ff. lib. 43, tit. 5, l. 3, § 10.

(4) L. 5, C. de hære inst.
(5) L. 3 et 38, ff. h. t.

De Testandi jure.

15. Testamenti factio non jure dominii competit, sed jure legis. Solâ lege
adimi potest, nec pendet ex privatorum
arbitrio, se dex publicâ legum auctoritate.

15. Le droit de faire testament ne vient
pas de celui de la propriété qu'on peut
avoir acquise, mais de la loi. — La loi
seule peut vous en ôter la faculté; car cette
faculté n'est point d'intérêt privé, mais
d'ordre public.

De Testandi jure firmo.

16. Firma esse debent testamentorum
jura, nec ex alieno pendere arbitrio.

16. Pour tester, il faut avoir la pléni-
tude de ses droits, et n'être pas en
tutelle.

*De Testamentariis successionibus, cùm
partes non sunt expressæ.*

17. Ubì partes expressæ non sunt, semper sunt æquales et viriles. (1)

17. Lorsque les portions ne sont pas
désignées dans le testament, chacun est
censé institué par portions égales.

De necessitate Testandi.

18. Defunctorum enim interest, testa-
mentarium hæredem habere. (2)

18. Il importe au défunt de laisser un
héritier testamentaire.

De Testamento unico.

19. Sicut enim unicum est viventis pa-
trimonium, ità unica est morientis hæreditas, proindè unicum testamentum, quià
in eo de totâ hæreditate disponimus.

19. Comme, pendant notre vie, nous
n'avons qu'un seul patrimoine, nous ne
faisons qu'un seul testament par lequel
nous disposons de tous nos biens.

De Testamento inofficioso.

20. Nisi circumventa fuisset voluntas
testatoris, ejusque testamentum re tantùm esset inofficiosum, non consilio. (3)

20. A moins que la volonté du testateur n'ait été circonvenue, ce n'est pas le
conseil, mais l'objet de la disposition, qui
rend le testament inofficieux.

Cùm Testator legatarios jungit.

21. Tàm videtur testator legatarios
conjunxisse, quàm celeriter dixisse.

21. Quelquefois le testateur joint les
légataires, de paroles, pour la briéveté du
discours.

De Testibus in testamentis.

22. En parlant du légataire particulier qui peut être témoin dans les testamens.)—Non tàm juris quàm rei succes-
sores sunt. (4)

22. Les légataires particuliers sont moins
les successeurs des droits que de l'objet particulier qui leur a été donné par le
testateur.

(1) L. 4, ff. § 6, h. t.
(2) L. 36, ff. h. t.

(3) L. 3, Cod. t. h.
(4) L. 20 ff. qui test. fac.

De Intestato.

23. Nemo potest mori pro parte testatus, et pro parte intestatus. (1)

23. On ne peut pas mourir partie sans faire testament, et partie avec testament.

De Testium dignitate.

24. In testimoniis autem dignitas, fides, mores, gravitas examinanda est; et ideò testes qui adversùs fidem suam testationis vacillant audiendi non sunt. (2)

24. En matière de dépositions de témoins, on doit examiner la dignité, là bonne foi, les mœurs, la gravité du témoin; c'est ce qui fait qu'on ne doit pas ajouter confiance à la déposition du témoin qui hésite ou varie dans sa version.

De Testibus quibus imperari potest.

25. Idonei non videntur esse testes quibus imperari potest, ut testes fiant. (3)

25. Ceux-là peuvent être considérés comme témoins réprochables, qui sont sous l'autorité de celui qui les produit.

De Testium fide.

26. Testium fides diligenter examinanda est. (4)

26. La bonne foi des témoins doit être scrutée avec soin.

De Testium numero.

27. Ubi numerus testium definitus non est, duo saltem desiderantur, quia unus testis, nullus testis. (5)

27. Là où le nombre des témoins n'est pas déterminé, il en faut toujours deux, parce que c'est n'avoir pas de témoins que de n'en avoir qu'un.

De Testibus in Testamento presentibus.

28. Id est videret testes, et ab iis videretur.

28. Il faut que le témoin soit vu par le testateur et réciproquement.

De Testimoniis.

29. Eâdem lege tenentur qui, ob denuntiandum vel non denunciandum testimonium, pecuniam acceperint. (6)

29. La même loi punit celui qui, pour porter témoignage ou pour ne pas déposer, reçoit de l'argent.

De his qui Thlibias faciunt.

30. Hi quoque, qui thlibias faciunt, ex constitutione divi Hadriani ad *Ninium Hastam*, in eâdem causâ sunt quà hi qui castrant. (7)

30. Ceux qui font des eunuques par des moyens qui empêchent la génération, sont mis par la constitution d'Adrien, adressée à *Ninius-Hasta*, au rang de ceux qui châtrent.

(1) L. 4, ff. h. t.
(2) ff. lib. 22, tit. 5, l. 2.
(3) ff. lib. 22, tit. 5, l. 6.
(4) L. 3, ff. de test.

(5) L. 12, ff. de test.
(6) ff. lib. 48, tit. 11, l. 6.
(7) ff. lib. 48, tit. 8, l. 5.

De Tigno immittendo.

31. Quod alienis ædibus jungitur furtivum est.

De Titulis.

32. In antiquis enunciativa probant.

De Toto.

33. In toto et pars continetur (1).

De Transactionibus seu de controversiis ex testamento.

34. De his controversiis quæ ex testamento proficiscuntur, neque transigi, neque exquiri veritas aliter potest quàm inspectis cognitisque verbis testamenti.(2)

De Transactione, de iisdem alimentis et ejus interpretatione.

35. Qui transigit de alimentis non videbitur neque de habitatione, neque de vestiario transigisse : cùm divus Marcus specialiter etiam de istis transigi voluerit. (3)

De Transactionibus.

36. Transactio, quæcunque sit, de his tantùm de quibus inter convenientes placuit interposita creditur. (4)

De Translatione dominii.

37. Id quod nostrum est, sine facto nostro, ad alium transferri non potest. (5)

De Turbâ quid à rixâ differat.

38. Turbam autem ex quo numero admittimus? Si duo rixam commiserint, utiquè non accipiemus in turbâ id factum: quia duo turba non propriè dicentur. Enimverò si plures fuerunt, decem aut quindecim homines, turba dicetur. Quid ergo si tres aut quatuor? turba utiquè non erit. (6)

31. On considère toujours comme mis de mauvaise foi ce qu'on appuie à l'édifice d'un autre.

32. Les simples énonciations, lorsqu'elles sont anciennes, sont la preuve que les titres ont existé.

33. La partie est comprise dans le tout.

34. On ne peut transiger valablement sur les différens qui s'élèvent à l'occasion d'un testament, ni s'instruire de la vérité qu'après avoir pris connaissance des termes du testament.

35. Une transaction faite sur les alimens ne s'étend point à l'habitation ni aux vêtemens. Le discours de l'empereur Marc-Aurelle veut qu'on transige séparément sur ces différens objets.

36. Toutes les transactions sont restreintes aux seules choses que les contractans ont eu en vue.

37. On ne peut, sans notre consentement, livrer à un autre ce qui nous appartient.

38. Pour constituer un attroupement, quel nombre faut-il? Si deux hommes ont engagé une rixe, nous ne considérerons pas cela comme fait dans un attroupement, parce que deux ne sont pas un attroupement proprement dit; mais s'ils sont un plus grand nombre, dix ou quinze hommes, on pourra appeler cela un attrou-

(1) ff. lib. 50, tit. 17, l. 113.
(2) ff. lib. 2, tit. 15, l. 6.
(3) ff. lib. 2, tit. 15, l. 8, § 12.

(4) ff. lib. 2, tit. 15, l. 9, § 1.
(5) ff. lib. 50, tit. 17, l. 11.
(6) ff. lib. 47, tit. 8, l. 4, § 3.

De Turpitudine accipientis.

39. Quotiens autem solius accipientis turpitudo versatur, *Celsus* ait repeti posse; veluti, si tibi dedero, ne mihi injuriam facias. (1)

39. *Celce* pense qu'il y a lieu à la répétition toutes les fois qu'il n'y a crime que du côté de celui qui reçoit ; par exemple, si je vous donne de l'argent afin que vous ne m'accabliez pas d'injures.

De Turpitudine manifestâ.

40. Manifestæ turpitudinis est nec jurare velle, nec solvere.

40. C'est une chose infâme que de ne vouloir ni prêter serment ni payer.

De Turpitudine ex utrâque parte.

41. Turpitudo versatur ex utrâque parte, et in pari causâ melior est causa possidentis

41. Lorsque la turpitude se trouve des deux côtés, la cause de celui qui possède est la meilleure.

De Turpitudine propriâ.

42. Nemo potest contrà proprium factum venire, nec quisquam audiendus est propriam allegans turpitudinem.

42. On ne peut point récuser son propre fait, et on ne doit pas écouter celui qui a aidé à commettre la fraude qu'il vient avouer.

De Tutoribus.

43. Tutores, sive pupilli eorum, sive ipsi possideant, possessorum loco habentur : sed et si unus ex tutoribus possessor fuit, idem dicendum erit. (2)

43. Les tuteurs, soit qu'ils possèdent eux-mêmes, ou leurs pupilles, sont regardés comme possesseurs ; il en est de même s'il y a plusieurs tuteurs, et qu'un seul possède.

De Tutoris auctoritate.

44. Pupillus non potest sine tutoris auctoritate novare.

44. Le pupille ne peut faire de novation sans l'autorisation de son tuteur.

Tutorem habere non potest.

45. Ratio est, quìa tutorem habere non potest, qui est in potestate patris. (3)

45. La raison veut qu'on ne puisse donner un tuteur à celui qui est en puissance de père.

De Tutoris et rei legatæ differentiâ.

46. Legata liberis, non ut liberis relinquuntur, sed ex affectione singulari ergà hos et illos ; at tutor liberis, ut liberis datur jure patriæ potestatis.

46. Ce qu'on donne aux enfans ne leur est pas donné par rapport à leur qualité d'enfant, mais à raison des affections toutes particulières qu'on leur porte ; tandis que c'est à raison de la puissance paternelle qu'on a sur eux, comme enfant, qu'on leur donne un tuteur.

pement. Que sera-ce s'ils sont trois ou quatre ? ce ne peut être non plus un attroupement.

(1) ff. lib. 12, tit. 5, l. 4, § 2.
(2) ff. lib. 2, tit. 8, l. 15, § 3.

(3) L. 93, § 1, ff. de reg. jur.

Tutelæ ratio.

47. Impuberes autem in tutelâ esse naturali juri conveniens est; ut is, qui perfectæ ætatis non est, alterius tutela regatur.

47. Il est du droit naturel que les personnes qui sont en bas âge soient sous la tutelle d'autrui.

De Tutoris auctoritate, ne conditio pupilli deterior fiat.

48. Namque placuit meliorem quidem conditionem licere eis facere etiam sine tutoris auctoritate, deteriorem verò non aliter quàm cum tutoris auctoritate.

48. Il est permis au mineur de faire sa condition meilleure sans l'autorisation de son tuteur, mais il ne peut la faire pire sans cette même autorisation.

De oneribus Tutelæ.

49. Affectatæ in numerum tutelarum non cadunt, neque brevi finituræ.

49. Trois tutelles, quoique devant finir dans un court espace de temps, sont une excuse.

De necessariâ Tutoris auctoritate.

50. Ideòque, si debitor pupillo solvat, necessaria est tutoris auctoritas.

50. Pour qu'un débiteur paie valablement un pupille, il faut que ce dernier soit autorisé par son tuteur.

U

Quod Uni liceat.

1. Non uni liceat quod alteri permititur.

1. Ce qui est défendu à l'un ne peut être permis à l'autre.

Urbs Roma.

1. Urbis appellatio muris; Romæ autem continentibus ædificiis finitur quod latiùs patet. (1)

1. Par la dénomination de ville, on doit entendre ce qui est renfermé dans les murs; mais par dénomination de ville de Rome, on doit entendre les faubourgs et la banlieue. (Cette dernière dénomination se trouvant avoir un sens plus étendu.)

De Usucapione seu de ignorantiâ facti.

2. Juris ignorantiam in usucapione negatur prodesse; facti verò ignorantiam prodesse constat. (2)

2. En matière de prescription, l'ignorance de droit ne peut servir d'excuse à personne; l'ignorance de fait peut être utile.

De Usucapione seu de malâ fide tardivâ.

3. Mala fides perindè superveniens non impedit usucapionem.

3. La mauvaise foi découverte trop tard n'empêche pas la prescription de s'accomplir.

De Usucapione.

4. Sine possessione non potest usucapio procedere.

4. C'est la possession qui fait qu'on peut opposer la prescription comme fin de non-recevoir.

(1) ff. lib. 50, tit. 16, l. 2.

(2) ff. lib. 22, tit. 6, l. 4.

De Usucapione per justam causam.

5. Ad usucapiendum justa possessionis causa desideratur, et falsa existimatio veritatis conditionem non mutat (1).

5. Pour prescrire, il faut posséder en vertu d'un juste titre, car l'ignorance que l'on veut conserver de la vérité ne change rien à votre condition.

De Usucapione incompletâ.

6. Mala fides interveniens antè completam usucapionem, eam penitùs impedit.

6. La mauvaise foi venant à être découverte avant que le temps pour prescrire soit écoulé, cette connaissance empêche la prescription de s'accomplir.

De Usufructu, si fructuarius in areâ casam ædificet.

7. Si areæ ususfructus legatus sit mihi, posse me casam ibi ædificare, custodiæ causa earum rerum quæ in areâ sint. (2)

7. Celui qui a l'usufruit d'un bien-fonds peut y construire un hangar pour y renfermer ce qui en provient ou se trouve sur ledit bien.

De Usufructuario seu de formâ cautionis.

8. Cavere autem debet, viri boni arbitratu, perceptum iri usumfructum, hoc est, non deteriorem se causam ususfructus facturum, cæteraque facturum quæ in re suâ faceret. (3)

8. L'usufruitier doit donner caution de jouir en bon père de famille, c'est-à-dire, qu'il ne détériorera pas la qualité de la chose soumise à l'usufruit, et qu'il en prendra pour la conserver le même soin qu'il est dans l'habitude de prendre pour la conservation de la sienne propre.

De Usufructuarii custodiâ.

9. Fructuarius custodiam præstare debet. (4)

9. L'usufruitier doit aussi garantir que la chose ne se perdra pas par sa négligence.

De Usufructu in petitione.

10. Ususfructus in petitione non pars dominii est, sed locum servitutis obtinet, id est quandò petitur, petitur ut servitus, non ut pars dominii. (5)

10. L'usufruit dans une demande de la succession n'est pas une part de la propriété, mais est considéré comme un droit de servitude, c'est-à-dire, que, lorsqu'il est demandé, il est considéré comme servitude, et non pas comme une partie du fonds.

De Usufructu in quibus constituitur rebus.

11. Vestes facilimè utuntur, et brevi

11. Les habits s'usent et sont bientôt

(1) L. 27, ff, de usurp. et usucap.
(2) ff. lib. 7, tit. 1, l. 73.
(3) ff. lib. 7, tit. 9, l. 1, § 3.

(4) ff. lib. 7, tit. 9, . 2.
(5) L. 25 ff. de verb. signifi.

consumuntur; quomodò conciliari potest hìc ? (1)

Jus ipsum per usumfructum non potest transferri, sed solum exercitium.

12. De jure ipso, quod fructuarii personæ cohæret.

De Ususfructu.

13. Ususfructus naturâ suâ tendat ad proprietatem, à quâ separatus est, ad eam recurrit etiam particulari interitu rei; adeò ut ne restitutis quidem ædibus reviviscat.

De Usufructu in legato.

14. Scilicet ususfructus quotidiè constitui videtur, et in legato ususfructus portio accrescit personæ. (2)

De non Usu.

15. Viam publicam populus non utendo amittere non potest. (3)

De Usûs consequentiâ in re fongibili.

16. Cùm enim earum rerum usus consistat in abusu, necesse est proprietatem transferri per consequentiam usûs.

De Usu et habitatione.

17. Frui quidem pro parte possumus, uti verò pro parte non possumus.

De Usuris.

18. Si usuræ non sint promissæ utiquè non debebuntur, quia in stipulatum deductæ non sunt. (4)

brisés, comment permettre qu'on en jouisse, si on ne doit pas en représenter la valeur ?

12. Le droit d'usufruit est attaché à la personne, d'où suit qu'on ne peut céder que le droit de jouissance.

13. L'usufruit tend à se réunir à la propriété d'où il a été séparé; il s'éteint par la destruction spéciale de la chose; de telle sorte, qu'il n'est plus dû par la maison, rendue à son premier état.

14. (En parlant d'un legs d'usufruit.) Quoique tous les jours on puisse disposer de la jouissance d'une chose, la portion de celui qui en est privé accroît à celle de de l'autre(si elle a été donnée conjointement.)

15. Le peuple ne peut par le non-usage perdre un chemin public.

16. Lorsque par l'usage on peut consommer les choses que l'on a en usufruit, dès-lors ce n'est plus l'usufruit, mais la propriété de la chose que l'on transmet.

17. L'on peut diviser l'usufruit, mais le droit d'usage est indivisible

18. S'il n'a pas été promis d'intérêt, ils ne sont pas dus, parce qu'ils ne peuvent l'être que lorsqu'ils ont été expressément stipulés.

---

(1) L. 15, § 4 ff. de usuf.
(2) L. 1, §. 3 , l. 10 ff. de usufruc. accre.

(3) ff. lib. 43, tit. 11, l. 2.
(4) ff. lib. 15, tit. 3, l. 10, §. 1.

Quomodò uti debemus.

19. Ad necessitatem quotidianam, non verò ad compendium, id est ad lucrum, adeò ut superfluos vendere non liceat. (1)

19. L'usage n'a pour objet que les besoins journaliers, et n'autorise pas à ramasser ou à faire du lucre au moyen de la vente du superflu.

De his qui sunt in utero.

20. Qui in utero est, perindè ac si in rebus humanis esset, custoditur; quotiens de commodis ipsius partus quæritur : quamquàm alii antequàm nascatur nequaquam prosit. (2)

20. Lorsqu'il s'agit de recueillir quelque succession, on regarde comme déjà né celui qui est encore dans le sein de sa mère, quoique avant sa naissance l'enfant ne puisse être utile à personne.

Uti possidetis, seu de justâ vel injustâ possessione.

21. Qualiscumque possessor, hoc ipso quòd possessor est, plùs juris habet quàm ille qui non possidet. (3)

21. De quelle manière qu'on soit en possession, on a par cela seul qu'on possède plus de droits que celui qui ne possède pas.

V

De Venditione rescindendâ.

1. Res bona fide vendita propter minimam causam inempta fieri non debet.(4)

1. On ne doit pas casser sur des prétextes légers une vente faite de bonne foi.

De Venditione imaginariâ.

2. Imaginaria venditio non est, pretio accedente. (5)

2. La vente n'est pas simulée quand on stipule un prix.

De Venditione sub hastâ.

3. Ignominiosum quippè erat bona cujusquam propter æs alienum sub hastâ distrahi.

3. Il était flétrissant pour la mémoire du débiteur que ses biens fussent vendus publiquement pour dettes.

De Venditione.

4. Emptio et venditio sine re quæ veneat consistere non potest.

4. L'achat et la vente ne peuvent avoir lieu sans une chose qui soit la matière du contrat.

De Venditione quantitatis.

5. Quantitates sic venditæ corporis certi locum obtinent.

5. La vente d'une quantité indéterminée équivaut à la vente d'un corps certain.

(1) L. 12. § 1 et seq. ff. h. t.
(2) ff. lib. 1, tit. 5, l. 7.
(3) ff, lib. 43, tit. 17, l. 2.

(4) ff. lib. 18, tit. 1, l. 54.
(5) ff. lib. 50, tit. 17, l. 16.

De Venditione vini.

6. Vino vendito, perfecta venditio non censetur antè degustationem.

6. Dans la vente du vin, la vente n'est parfaite que lorsque le vin a été dégusté.

De Re venditâ sub conditione.

7. Quandò conditio existit, nulla est res quæ veneat. (1)

7. Tant que la condition imposée à la vente n'a pas été remplie, il n'existe pas de chose vendue.

De Veneno vendito.

8. Ejusdem legis pœnâ afficitur qui in publicum mala medicamenta vendiderit, vel hominis necandi causâ habuerit. (2)

8. La loi punit aussi celui qui publiquement aura vendu des médicamens nuisibles, et les aura tenus pour empoisonner les hommes.

De Veneno.

9. Imò plùs est extinguere veneno quàm ferro occidere.

9. Il est plus cruel de faire périr quelqu'un par le poison que par le fer.

Verberare.

10. Verberasse dicitur abusivè, et qui pugnis cœciderit. (3)

10. Battre se dit improprement de celui qui frappe à coups de poings.

Verberare servum.

11. Si antè judicem dominus verberandum servum exhibuerit, ut satis verberibus ei fieret, et erit factum arbitratu alicujus; posteà actor agere injuriarum perseverat, non audiendus : qui enim accipit satisfactionem, injuriam suam remisit. (4)

11. Si le maître a traduit devant le juge l'esclave pour être battu, afin de réparer ainsi l'offense par lui faite, et que le traitement ait été subi conformément à ce qu'un arbitre aura ordonné, si par le suite le demandeur persévère à poursuivre son injure, il ne doit pas être écouté, car celui qui a reçu satisfaction a remis son injure.

De Veritate facti.

12. Si res gesta, sine litterarum quoque consignatione, veritate factum suum præbeat, non ideò minùs valebit, quòd instrumentum nullum de eâ intercessit. (5)

12. Si une offense porte avec elle sa preuve, quoique cette preuve ne soit consignée dans aucun écrit, elle n'en sera pas moins valable.

Vestis.

13. *Vestis* appellatione, tàm virilis quàm muliebris, et scenica, etiam si

13. Sous la dénomination d'*habits*, sont compris ceux d'homme et de femme, tant

(1) L. 10, § 5, ff. de jur. dot.
(2) ff. lib. 48, tit. 8, l. 3, § 1.
(3) ff. lib 47, tit. 10, l. 15, § 40.

(4) ff. lib. 47, tit. 10, l. 17. § 6.
(5) ff. lib. 22, tit. 4, l. 5.

tragica, aut citharædica sit, continetur.(1)

ceux d'ordinaire, que ceux à l'usage du théâtre et de la comédie.

De Viâ debitâ.

14. Deniquè quicunque quasi debitâ viâ usus fuerit. (2)

14. Celui, enfin, qui use d'un passage comme d'une chose due, conserve le droit au propriétaire.

De Viâ seu de itinere.

15. Item via est, sive semita, sive iter est. (3)

15. Par chemin, on entend un sentier ou autre voie.

Victus.

16. Verbo Victus continentur quæ esui, potuique, cultuique corporis, quæque ad vivendum homini necessaria sunt. Vestem quoque victus habere vicem Labeo ait. (4)

16. On entend par le mot alimens le manger, le boire, l'entretien du corps, et tout ce qui est nécessaire à la vie. Labeon dit que le terme vestis doit s'entendre de la même manière.

Si vinco vincentem te.

17. Si vinco vincentem te, à fortiori vinco te.

17. Si je l'emporte sur celui qui est au-dessus de toi, par cette même raison je suis plus fort que toi.

De Virilis appellatione.

18. Virilis appellatione interdùm etiam totam hæreditatem contineri dicendum est. (5)

18. On doit observer que, sous la dénomination de portion virile, on entend quelquefois toute la succession.

De Virtute et vitio.

19. Omnis virtus constantia est, vitium verò inconstantia.

19. Avec la vertu on est ferme, avec le vice on est toujours flottant.

Quid sit. vis.

20. Vis autem est majoris rei impetus, qui repelli non potest. (6)

20. On entend par violence une force majeure à laquelle on ne peut résister.

De Vi armatâ.

21. Armatos non utiquè illos intelligere debemus qui tela habuerunt, sed etiam quid aliud quod nocere potest. (7)

21. Par gens armés, on ne doit pas entendre seulement ceux qui portent des flèches, mais encore quelque autre chose capable de nuire.

(1) ff. lib. 50, tit. 16, l. 127.
(2) ff. lib. 8 , tit. 6, l. 22.
(3) ff. lib. 50, tit. 16, l. 157, § 1.
(4) ff. lib. 50, tit. 16, l. 43.

(5) ff. lib. 50, tit. 16, l. 145.
(6) ff. lib. 4, tit. 2, l. 2.
(7) ff. lib. 48, tit. 6, l. 9.

De Vitio animi et corporis.

22. In summa, si quidem animi tantùm vitium est, redhiberi non potest, nisi si dictum est hoc abesse, et non abest. (1)

22. Quelque considérable que soit le défaut de l'âme, il n'y a point lieu à rédhibition, à moins que le vendeur n'ait déclaré que l'esclave n'avait point ce défaut, et qu'il se trouve l'avoir réellement.

De eo quod initio vitiosum est.

23. Quod initio vitiosum est, non potest tractu temporis convalescere. (2)

23. Le temps ne peut valider un acte qui est nul dans son principe.

De Vitio possessionis.

24. Hæc enim tria sunt possessionis vitia, scilicet : vi, clàm, aut precario, ab adversario possidere.

24. Trois vices peuvent se trouver dans la possession revendiquée par l'adversaire: la violence, la clandestinité et le précaire.

Vivere.

25. Verbum *vivere* quidam putant ad cibum pertinere; sed *Offilius* ad Atticum ait his verbis et vestimenta et stramenta contineri; sine his enim vivere neminem posse. (3)

25. Quelques-uns pensent que le terme *vivere*, vivre, comprend seulement la nourriture; mais *Offilius*, dans son commentaire sur *Atticus*, observe que sous cette dénomination sont compris les habits et tout ce qui sert à l'entretien, car sans cela personne ne peut vivre.

De Voce et sermone, de sententiâ et trepidatione, de existimatione.

26. Plurimum quoque in excutiendâ veritate etiam vox ipsa, et cognitionis subtilis diligentia adfert, nam et ex sermone, et ex eo, quâ quis constantiâ, quâ trepidatione quid diceret, vel cujus existimationis quisque in civitate suâ est, quædam ad illuminandam veritatem in lucem emergunt. (4)

26. Le son de voix, le soin d'un discernement délicat, peuvent souvent vous être d'un grand secours dans la recherche de la vérité, comme aussi la manière de s'exprimer, la fermeté, le tremblement de celui qui parle, la réputation dont chacun jouit au milieu de ses concitoyens, vous aident à découvrir des traits de lumière qui servent à éclairer cette même vérité.

De Voluntate per rationem coacta.

27. Voluntas enim coacta, voluntas est. (5)

27. On ne peut pas considérer comme violence la volonté qui est déterminée par la raison.

De Voluntate ultrà mortem.

28. Solatium mortis est voluntas ultrà mortem.

28. Les dispositions de dernière volonté vous consolent de la mort.

(1) ff. lib. 21, tit. 1, l. 4, § 4.
(2) ff. lib. 50, tit. 17, l. 29.
(3) ff. lib. 50, tit. 16, l. 234, § 2.

(4) ff. lib. 48, tit. 18, l. 10 .
(5) L. 22 ff. de rit. nup.

De Voluntate testatoris.

29. Testator donando rem legatam præsumitur mutâsse voluntatem; quia nemo in necessitatibus liberalis existit. (1)

29. Le testateur qui dispose de la chose léguée est présumé avoir changé de volonté, parce que personne n'est obligé de faire des libéralités.

De Voluntate contrahentium et morientium.

30. Ne propter nimiam subtilitatem verborum, voluntates contrahentium aut morientium impediantur. (2)

30. Il faut éviter que la subtilité dans les mots, empêche la volonté des contractans et du testateur d'avoir son effet.

De Voto.

31. Si quis rem aliquam voverit, voto obligatur; quæ res personam voventis, non rem quæ vovetur, obligat; res enim quæ vovetur soluta quidem liberat vota, ipsa verò sacra non efficitur. (3)

31. Si quelqu'un a promis quelque chose, il est obligé par sa promesse; cependant la chose n'est pas obligée : il n'y a que la personne du prometteur; car la chose promise étant livrée, le prometteur est libéré de sa promesse, mais la chose ne devient pas sacrée.

De Vulgo quæsiti.

32. Vulgò quæsiti admittuntur ad matris legitimam hæreditatem. (4)

32. Les enfans bâtards sont eux-mêmes admis à la légitime de leur mère.

Æ

Perfecisse ædificium.

1. Perfecisse ædificium is videtur, qni ità consommavit, ut jam in usu esse possit. (5)

1. Celui-là est considéré comme ayant mis la dernière main à un édifice, qui l'a mis dans un état propre à être habité.

Pars ædium.

2. Statuæ adfixæ basibus structilibus, aut tabulæ religatæ catenis, aut ergà parietem adfixæ, aut similiter cohærent lychni, non sunt ædium : ornatus enim ædium causa parantur, non quò ædes perficiantur. (6)

2. Les statues qui tiennent à leurs soubassemens, les tableaux qui sont attachés ou scellés dans la muraille, ainsi que les lustres, ne font pas partie du corps du bâtiment : car ils sont plutôt considérés comme ornemens, que comme faisant partie de l'édifice.

Id. § 1.

3. Idem Labeo ait : prothyrum quod in ædibus (interim qui) fieri solet, ædium est. (7)

3. Labeon dit aussi : que la barrière qu'on a coutume d'établir devant les édifices fait partie du corps du bâtiment.

(1) L. 18, ff. de alien. leg.
(2) L. 1, c. ut act. ab. her.
(3) ff. lib. 50, tit. 12, l. 2.
(4) ff. lib. 38, tit. 17, l. 1, § 2.
(5) ff. lib. 50, tit. 16, l. 139.
(6) ff. lib. 50, tit. 16, l. 245.
(7) ff. lib. 50, tit. 16, l. 246, § 1.

Æquitas edicti.

4. Æquissimum putavit prætor dolum ejus coërcere, qui impedit aliquem judicio sisti. (1)

4. Il a paru équitable au préteur de punir la mauvaise foi de celui qui empêche quelqu'un de paraître en justice.

De Æqualitate.

5. Æqualis jungat gratia, quos æqualis junxit natura.

5. Ceux qui sont égaux selon les lois de la nature, doivent avoir une égale part dans nos biens.

De Æstimatione rei.

6. Qui habet æstimationem rei, rem ipsam habere non intelligitur : æstimatio quippè rem ipsam non continet. Proindè qui ex priori testamento æstimationem rei consecutus est, potest ipsam rem ex posteriori testamento petere (2).

6. De ce qu'on estime une chose, il ne suit pas de cela qu'on ait la chose elle-même, parce que l'estimation donnée à une chose n'emporte pas toujours avec elle la propriété de cette même chose, de telle sorte que, si, par un premier testament on a donné l'estimation, par un postérieur, on peut donner la chose estimée.

De Æstimatione rei sacræ.

7. Res sacra non recepit æstimationem (3).

7. Une chose sacrée ne peut être mise à prix.

8. Alioqui diligentior eorum scientia vobis, ex latioribus Digestorum libris seu Codicis, Dei propitio adventura est; et duricimo juris romani studiò.

6. Si vous voulez avoir une plus parfaite connaissance du Digeste et du Code, vous pourrez l'obtenir avec l'aide de Dieu et une étude plus particulière du droit romain.

(1) ff. lib. 2, tit 10, l. 1.
(2) L. 88, ff. de verb. sig.

(3) ff. lib. 1, tit. 8, l. 9, § 5.

ERRATA.

LATINS.

FRANÇAIS.

Lettre A. Aphorisme 1, ajoutez (;) après *subtracta est.*

Aph. 14, lisez *rei*, et non pas *in.*

Aph. 16, lisez *debet* et non pas *debat.*

Aph. 33, lisez *materia* et non *matoria.*

Aph. 46, lisez *sunt perfectæ* et non *sint perfactæ.*

Lettre C. Aph. 2, lisez *nemo* et non pas *nomo.*

Aph. 21, lisez au texte *condictione* et non *conditione.*

Aph. 28, lisez *indicium* et non *indecium.*

Aph. 29, lisez *mendo* et non pas *modo.*

Aph. 36, lisez *publicat* et non *publicet.*

Aph. 42, lisez *fraudulenti* et non *fraudulentis.*

Aph. 61, lisez *creditor, uno debitore electo, alterum desservisse videbatur.*

Lettre D. Aph. 3, lisez *nostri* et non pas *nostris.*

Aph. 15, lisez *suo* et non *sua.*

Aph. 43, lisez *à divo* et non pas *divo.*

Lettre E. Aph. 7, ajoutez (.) après *errant.*

Aph. 10, lisez *nemini* et non *nomini.*

Lettre F. Aph. 8, lisez au texte *De fidejussore* et non *fidejussor.*

Lettre H. Aph. 2, au renvoi, lisez l. 88, ff. *de acq. vel omit. hær.* et non *C. com. de leg.*

Lettre I. Aph. 15, lisez au renvoi l. 88, § 1. ff. h. t.

Lettre M. Aph. 2, lisez *propositum* et non *præpositum.*

Aph. 24, lisez *mater* et non *meter.*

Lettre N. Aph. 8, lisez au texte *nomine* et non *nomen.*

Lettre A. Aph. 22, lisez *de* sepulcre et non *d'un.*

Lettre C. Aph. 16, lisez *usucapions* et non *usucapion.*

Aph. 22, lisez *ou cette compensation pouvait avoir lieu* et non pas *ne pouvait.*

Aph. 29, lisez *les conditions impossibles ajoutées* et non pas *la condition impossible ajoutée.*

Lettre E. Aph. 4, lisez *poursuivre* et non *pour suivre.*

Lettre H. Aph. 2, lisez *acte* d'héritier et non pas *d'acte.*

Lettre I. Aph. 16, *quelleconque* et non *quelconque.*

Lettre M. Aph. 16, lisez *qui* et non *qu.*

Lettre O. Aph. 25, lisez *placetque* et non *placet que.*

Aph. 27, lisez *res* et non *rea.*

Lettre P. Aph. 7, lisez *experiar* et non *experias.*

Aph. 11, lisez *auctoritaté* et non *uctoritate.*

Aph. 13, supprimez *de* au texte.

Aph. 41, lisez *comprobantur* et non *comprabantur.*

Aph. 43, supprimez *per* à la 1re ligne.

Aph. 47, lisez *qui* et non *quis.*

Aph. 56, lisez *sit* et non *it.*

Lettre Q. Aph. 4, lisez *dedecoratio* et non *decoratio.*

Lettre S. Aph. 49, lisez au renvoi : l. 92 et non 9.

Lettre T. Aph. 15, lisez *sed ex* et non *se dex.*

Lettre O. Aph. 2, lisez *ordonnée* ou *défendue* et non *et* défendue.

Lettre P. Aph. 21, lisez *la grève* et non *l'aggrave.*

Aph. 33, lisez les postérieures dérogent aux *premières* et sont *préférées.*

Lettre S. Aph. 25, lisez *la chose qui en est l'objet* et non *la chose en l'objet.*

Lettre U. Aph. 2, 3, 4, 5 et 6, lisez *usucapions* et non *prescriptions.*

FIN DE L'OUVRAGE.

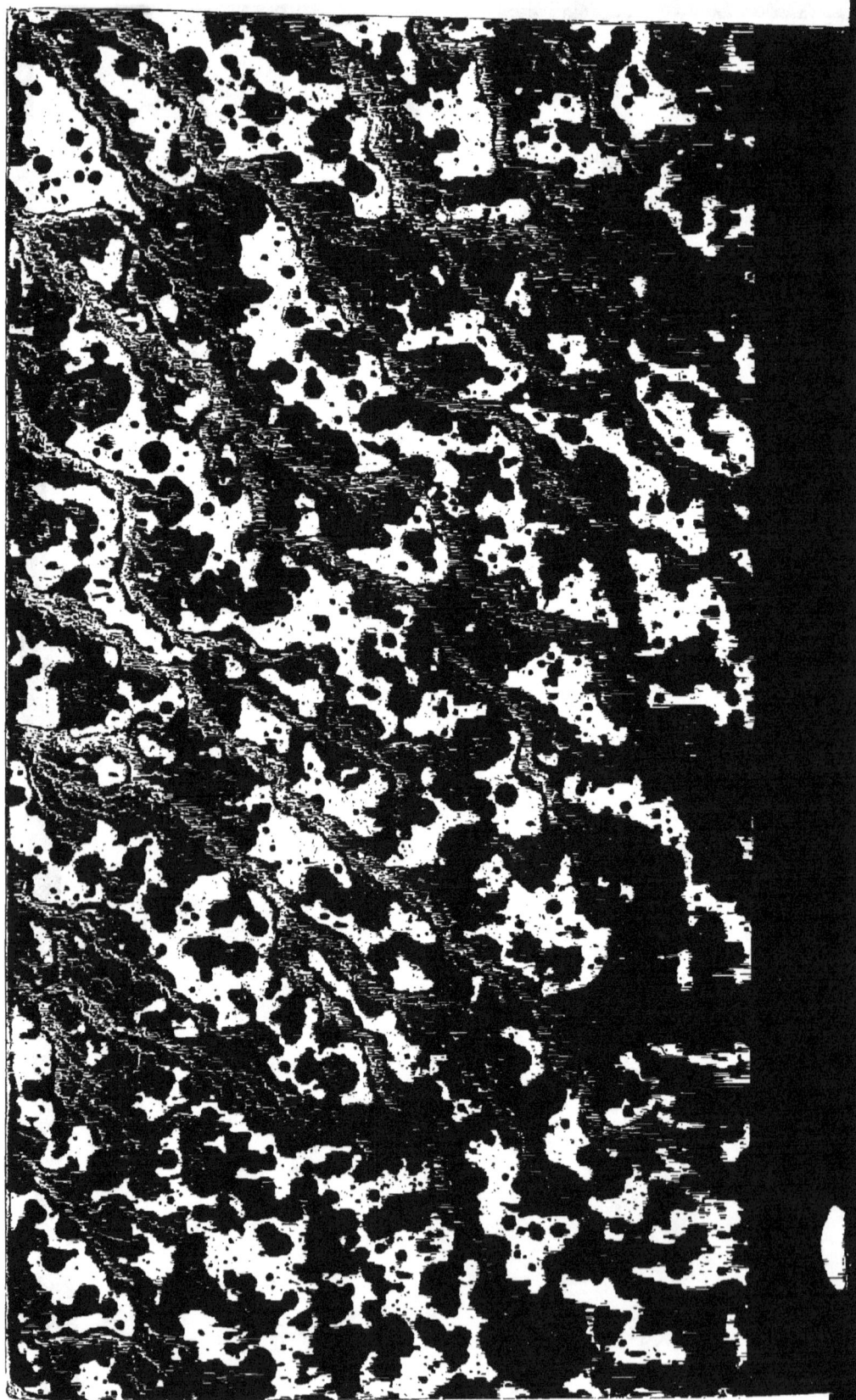

www.ingramcontent.com/pod-product-compliance
Lightning Source LLC
Chambersburg PA
CBHW071209200326
41519CB00018B/5448